Sanidad Divina

La respuesta de Dios
en medio de la pandemia

por

Andrew Murray

Publicado originalmente en inglés bajo el título:
Divine Healing by Andrew Murray
Publicado por Christian Alliance Publishing, New York, 1900.
Esta obra es de Dominio Público.

Traducido al español, corregido, anotado y ampliado
Por J. L. Flores
Primera Edición | Enero 2021
Todos los Derechos Reservados
© 2021 J. L. Flores, para esta edición en español

Edición revisada y corregida el 16 de marzo de 2022

| Venta Exclusiva en Amazon |

Ninguna porción de esta publicación se puede reproducir, almacenar en un sistema electrónico, o transmitir en cualquier forma o por cualquier medio electrónico, mecánico, fotocopia, grabación o de cualquier otra manera sin el permiso previo del traductor.

A menos que se indique lo contrario, las citas bíblicas contenidas en este libro son tomadas de la Versión Reina-Valera 1909 (Dominio Público) corregidas y puestas al día por el traductor según lo mejor de la crítica textual conservadora contemporánea.

Para oración, comentarios o inquietudes bíblicas, escribanos a:

ministeriotorrentesdevida@gmail.com

https://www.facebook.com/ministeriotorrentesdevida

Estudio Bíblico versículo a versículo en YouTube:
https://www.youtube.com/ministeriotorrentesdevida

CONTENIDO

Prólogo del traductor

Los escritos prácticos y devocionales de Andrew Murray (1828—1917) sobre la Biblia, han sido de gran ayuda y de gran bendición para miles de creyentes evangélicos durante más de un siglo.

En este libro poderosamente escrito, Murray aborda el tema de la sanidad, tal y como se revela en las Santas Escrituras, mostrándonos cómo la obra de Jesucristo, abarca no sólo el perdón de los pecados; sino también la sanidad de las enfermedades.

Después de que una enfermedad interrumpiera su ministerio durante más de dos años, Andrew Murray recibió una restauración milagrosa de su salud, gracias a las oraciones del pueblo de Dios. Este libro: *Sanidad Divina*, es la obra clásica, resultante del profundo estudio de Murray de las Escrituras sobre este tema, y de los sermones que resultaron de ese estudio.

En este libro, Murray desmenuza la promesa de Santiago 5, de que la oración de fe sanará a los enfermos. Escribe sobre los requisitos previos para la sanidad, que son el arrepentimiento del pecado y la santificación del cuerpo, al entregarlo completamente a Dios. Murray aborda cuestiones como:

- ¿Es la voluntad de Dios sanar a los enfermos?
- ¿Por qué algunas personas se sanan y otras no?
- ¿Qué papel desempeñan los médicos en la sanidad milagrosa?

- ¿Por qué muchos cristianos dudan de los dones de sanidad?
- ¿La enfermedad viene de Dios o de Satanás?

El testimonio personal de Andrew Murray y la enseñanza bíblica, servirán de inspiración para que los lectores confíen en el toque sanador de Dios, en sus áreas de mayor necesidad.

Para finalizar, deseamos invitarles también a adquirir la obra cumbre de este gran siervo de Dios, que fue Andrew Murray; nos referimos al libro: *El Espíritu de Cristo*, el cual encontrarán únicamente en Amazon, y cuya bendición y practicidad es inestimable para el crecimiento espiritual de todo creyente genuino, que busca con sinceridad de corazón a su Señor.

También pueden adquirir ya, el voluminoso y profundo comentario de Andrew Murray a la epístola a los Hebreos, nos referimos a: *El Lugar Santísimo*.

J. L. Flores
29 de enero de 2021

Prefacio de la obra original

La publicación de esta obra puede considerarse como un testimonio de mi fe en la sanidad divina. Después de haber sido detenido por más de dos años en el ejercicio de mi ministerio, fui sanado por la misericordia de Dios, en respuesta a la oración de aquellos que ven en Él: *"al Señor que te sana"* (Éxodo 15:26).

Esta sanidad, concedida a la fe, ha sido la fuente de una rica bendición espiritual para mí. He visto claramente que la Iglesia posee en Jesús, nuestro Divino Sanador, un tesoro inestimable, que aún no sabe apreciar.

Me he convencido nuevamente de lo que la Palabra de Dios nos enseña en este asunto, y de lo que el Señor espera de nosotros; y estoy seguro de que, si los cristianos aprendieran a darse cuenta prácticamente de la Presencia del Señor que sana, su vida espiritual se desarrollaría y se santificaría de este modo.

Por lo tanto, no puedo seguir guardando silencio, y publico aquí una serie de meditaciones, con el fin de mostrar, según la Palabra de Dios, que *"la oración de fe"* (Santiago 5:15), es el medio designado por Dios para la sanidad de los enfermos, que esta verdad está en perfecta concordancia con la Sagrada Escritura, y que el estudio de esta verdad es esencial para todo aquel que quiera ver al Señor, manifestar Su poder y Su gloria en medio de Sus hijos.

Andrew Murray

Ciudad del Cabo, 15 de agosto de 1900

Capítulo 1: Perdón y sanidad

"Pues para que sepáis que el Hijo del Hombre tiene potestad en la tierra para perdonar pecados (dice entonces al paralítico): Levántate, toma tu cama, y vete a tu casa" (Mateo 9:6).

En el hombre se combinan dos naturalezas. Es al mismo tiempo espíritu y materia, cielo y tierra, alma y cuerpo (Génesis 3:19; Zacarías 12:1). Por eso, por un lado, es el hijo de Dios (Romanos 8:17), y por el otro, está condenado a la destrucción por causa de la caída (1 Corintios 5:5); el pecado en su alma y la enfermedad en su cuerpo, dan testimonio del derecho que la muerte tiene sobre él (Romanos 5:12; 1 Corintios 15:21).

Es la doble naturaleza, que ha sido redimida por la gracia divina. Cuando el salmista llama a todo lo que está dentro de él, para bendecir al Señor por Sus beneficios, clama diciendo: *"Bendice, alma mía, a Jehová, y no olvides ninguno de Sus beneficios. Él es quien perdona todas tus iniquidades, El que sana todas tus dolencias"* (Salmos 103:2-3). Cuando Isaías vaticina la liberación de Su pueblo, añade: *"No dirá el morador: Estoy enfermo; al pueblo que more en ella le será perdonada la iniquidad"* (Isaías 33:24).

Esta profecía se cumplió más allá de toda expectativa, cuando Jesús el Redentor bajó a esta tierra. ¡Cuán numerosas fueron las sanidades realizadas por Aquel que vino a establecer en la tierra el reino de los cielos! Ya sea por Sus propios hechos, o después, por los mandamientos que dejó a Sus discípulos, ¿no nos muestra claramente esto, que la predicación del Evangelio y la sanidad de los enfermos, iban juntas en la salvación que vino a traernos?[1]

Ambas cosas son una prueba evidente de Su misión como el Mesías: "*Los ciegos ven, los cojos andan, los leprosos son limpiados, los sordos oyen, los muertos son resucitados, y a los pobres es anunciado el evangelio*" (Mateo 11:5). Jesús, que tomó sobre Sí el alma y el cuerpo del hombre, libera a ambos en igual medida de las consecuencias del pecado. Esta verdad no es más evidente, o mejor demostrada, que en la historia del paralítico. El Señor Jesús comenzó diciéndole: "*Tus pecados te son perdonados*" (Mateo 9:2; Marcos 2:5, 9; Lucas 5:20, 23; 7:48), después de lo cual añadió: "*Levántate y anda*" (Mateo 9:5; Marcos 2:9; Lucas 5:23). El perdón del pecado y la sanidad de la enfermedad, se completan el uno al otro, porque a los ojos de Dios, que ve toda nuestra naturaleza, el pecado y la enfermedad están tan unidos, como el cuerpo y el alma.

De acuerdo con las Escrituras, nuestro Señor Jesús ha considerado el pecado y la enfermedad bajo una luz diferente a la nuestra. Con nosotros, el pecado pertenece al dominio espiritual; reconocemos que está bajo el justo juicio de Dios (Romanos 2:5; 2 Tesalonicenses 1:5), justamente condenado por Él; mientras que la enfermedad, por el contrario, parece sólo una parte de la condición actual de nuestra naturaleza, y no tiene nada que ver con la condenación de Dios y con Su justicia. Algunos llegan a decir que la enfermedad, es una prueba del amor y de la gracia de Dios. Pero ni la Escritura ni el mismo Jesucristo, hablaron nunca de la enfermedad bajo

---

[1] En el griego del Nuevo Testamento, *soμzoμ* (salud) y *diasoμzoμ* (salvar), se emplean tanto para referirse a la sanidad física, como a la sanidad espiritual.

esta luz, ni tampoco presentan la enfermedad como una bendición, como una prueba del amor de Dios, que debe ser soportada con paciencia.

El Señor habló a los discípulos de diversos sufrimientos que deberían soportar (Juan 16:33), pero cuando habla de la enfermedad, es siempre referido como un mal causado por el pecado y por Satanás, y del cual deberíamos ser liberados. Muy solemnemente declaró, que cada discípulo Suyo tendría que llevar su cruz (Mateo 16:24; Marcos 8:34; Lucas 9:23), pero nunca enseñó a un enfermo, a resignarse a estar enfermo. En todas partes Jesús sanó a los enfermos, en todas partes trató la sanidad como una de las gracias pertenecientes al reino de los cielos. El pecado en el alma y la enfermedad en el cuerpo, dan testimonio del poder de Satanás, y: *"para esto apareció el Hijo de Dios, para deshacer las obras del diablo"* (1 Juan 3:8). Jesús vino a liberar a los hombres del pecado y de la enfermedad, para dar a conocer el amor del Padre. En Sus acciones, en Su enseñanza a los discípulos, en la obra de los apóstoles, el perdón y la sanidad siempre se encuentran juntos. El uno o el otro, puede sin duda aparecer de forma más sobresaliente, según el desarrollo o la fe de aquellos a quienes se dirigieron. A veces era la sanidad, lo que preparaba el camino para la aceptación del perdón; a veces era el perdón, lo que precedía a la sanidad, que, al venir después, se convertía en un sello para ella.

En la primera parte de Su ministerio, Jesús sanó a muchos de los enfermos, encontrándolos listos para creer en la posibilidad de su sanidad. De esta manera, buscó influir en los corazones para ser recibido, como Aquel que es capaz de perdonar el pecado. Cuando vio que el paralítico podía recibir el perdón de inmediato, comenzó por lo que era de mayor importancia; después vino la sanidad, que puso un sello en el perdón que le había sido concedido.

Vemos, por los relatos de los Evangelios, que era más difícil para los judíos de entonces, creer en el perdón de sus pecados que en la sanidad divina. Ahora es justo lo contrario. La Iglesia Cristiana, ha escuchado tanto la predicación del perdón de los pecados, que el alma sedienta recibe fácilmente este mensaje de gracia; pero no es lo mismo con la sanidad divina; de eso se habla raramente, los creyentes que la han experimentado no son muchos. Es cierto que la sanidad no se da en este día, como en aquellos tiempos, como a las multitudes que Cristo sanó sin ninguna conversión previa.

Para recibirla, es necesario comenzar por la confesión del pecado, y con el propósito de vivir una vida santa. Esta es sin duda la razón, por la que las personas encuentran más dificultades, para creer en la sanidad que en el perdón; y es también la razón, por la que los que reciben la sanidad, reciben al mismo tiempo nuevas bendiciones espirituales, se sienten más unidos al Señor Jesús, y aprenden a amarle y a servirle mejor. La incredulidad puede intentar separar estos dos dones, pero siempre están unidos *en* Cristo. Él es siempre el mismo Salvador, tanto del alma como del cuerpo, igualmente dispuesto a conceder el perdón y la sanidad. Los redimidos siempre pueden clamar, diciendo: "*Bendice, alma mía, a Jehová, y no olvides ninguno de Sus beneficios. Él es quien perdona todas tus iniquidades, El que sana todas tus dolencias*" (Salmos 103:2-3).

Capítulo 2: Debido a su incredulidad

"Viniendo entonces los discípulos a Jesús, aparte, dijeron: ¿Por qué nosotros no pudimos echarlo fuera? Jesús les dijo: Por vuestra poca fe; porque de cierto os digo, que, si tuviereis fe como un grano de mostaza, diréis a este monte: Pásate de aquí allá, y se pasará; y nada os será imposible" (Mateo 17:19-20).

Cuando el Señor Jesús envió a Sus discípulos a diferentes partes de Palestina, los dotó con un doble poder, el de expulsar a los espíritus inmundos, y el de sanar toda enfermedad y toda dolencia (Mateo 10:1). Hizo lo mismo con los setenta, que volvieron a Él con gozo, diciendo: *"Señor, aun los demonios se nos sujetan en Tu Nombre"* (Lucas 10:17). El día de la transfiguración, mientras el Señor estaba todavía en el monte, un padre trajo a su hijo que estaba poseído por un demonio a Sus discípulos, rogándoles que expulsaran el espíritu maligno, pero no pudieron.

Después de que Jesús hubo sanado al niño, los discípulos le preguntaron por qué no habían podido hacerlo ellos mismos como en otros casos, Él les respondió: *"por vuestra poca fe"*. Fue, entonces, su incredulidad, y no la voluntad de Dios, la que había sido la causa de su derrota. En nuestros días se cree muy poco en la sanidad divina, porque ha desaparecido casi por completo de la Iglesia Cristiana. Uno puede preguntarse la razón, y aquí están las dos respuestas que se han dado. La mayoría piensa que los milagros, incluido el don de la sanidad, debería limitarse a la época de la Iglesia primitiva, que su objetivo era establecer la primera fundación del cristianismo, pero que, desde entonces, las circunstancias han cambiado.

Otros creyentes dicen sin vacilar que, si la Iglesia ha perdido estos dones, es por su propia culpa; es porque causa de que se ha hecho mundana, que el Espíritu actúa débilmente en ella; es porque no ha permanecido en relación directa y habitual con la plena potencia del mundo invisible; pero que, si viera surgir de nuevo en su seno, hombres y mujeres que viven la vida de fe y del Espíritu Santo, enteramente consagrados a su Dios, volverían a ver la manifestación de los mismos dones que en los tiempos pasados.

¿Cuál de estas dos opiniones coincide más con la Palabra de Dios? ¿Es por voluntad de Dios que los "*dones de sanidad*"[2] han sido suprimidos, o es más bien el hombre quien es el responsable de ello? ¿Es la voluntad de Dios que no se produzcan milagros? ¿Dios, en consecuencia, ya no dará la fe que los produce? ¿O es la Iglesia la culpable de la falta de fe? ¿Qué dice la Escritura?

La Biblia no nos autoriza, ni por las palabras del Señor ni por las de Sus apóstoles, a creer que los dones de sanidad sólo fueron concedidos, para los primeros tiempos de la historia de la Iglesia; por el contrario, las promesas que Jesús hizo a los apóstoles, cuando les dio instrucciones sobre su misión, poco

---

[2] Una clara referencia a 1 Corintios 12:9, donde se emplea el griego: *charismata iamatôn*. Importante notar, que los *iamatôn* (los hechos de sanidad) son *charismata*, dones, por hechos de eminencia-gracia (cf. Lucas 7:21, *echarisato*: favor): los *dynameis* (dones de poderes o milagrosos), muestran fuerza en lugar de gracia, por ejemplo, en la frase de 1 Corintios 5:5, o la contemplada en 2 Corintios 13:2 y versículos siguientes; en 2 Corintios 13:10, son ciertamente "hechos de energía".

antes de Su ascensión, nos parecen aplicables para todos los tiempos (Marcos 16:15-18).

Pablo coloca el don de la sanidad, entre las operaciones del Espíritu Santo (1 Corintios 12:9). Santiago da una orden precisa sobre este asunto (Santiago 5:15), sin ninguna restricción de tiempo. Todas las Escrituras declaran, que estas gracias serán concedidas según la medida del Espíritu y de la fe. También se alega que, al principio de cada nueva dispensación, Dios hace milagros, que es Su curso ordinario de acción; pero la realidad es que, no se trata de nada de eso. Piense en el pueblo de Dios en la dispensación anterior, en los tiempos de Abraham, durante toda la vida de Moisés, en el éxodo de Egipto, bajo Josué, en los tiempos de los Jueces y de Samuel, bajo el reinado de David y de otros reyes piadosos, hasta los tiempos de Daniel; durante más de mil años se produjeron milagros. Pero, se dice que los milagros eran mucho más necesarios en los primeros días del cristianismo, que más tarde. ¿Pero qué hay del poder del paganismo incluso en estos días, dondequiera que el Evangelio busque combatirlo? Es imposible admitir, que los milagros deberían haber sido más necesarios, para los paganos de Éfeso (Hechos 19:11-12), que para los paganos de África en la actualidad.

Y si pensamos en la ignorancia y en la incredulidad, que reinan incluso en medio de las naciones cristianas, ¿no nos vemos obligados a concluir, que hay una necesidad de hechos manifiestos del poder de Dios, para sostener el testimonio de los creyentes y para demostrar que Dios está con ellos (Marcos 16:17)? Además, entre los propios creyentes, ¡cuánta duda, cuánta debilidad hay! Cómo su fe necesita ser despertada y estimulada, por alguna prueba evidente de la Presencia del

Señor en medio de ellos. Una parte de nuestro ser (1 Tesalonicenses 5:23), consiste en carne y sangre (Gálatas 1:16; Efesios 6:12); es, por lo tanto, en la carne y en la sangre, que Dios quiere manifestar Su Presencia (Juan 6:54).

Para probar que es la incredulidad de la Iglesia, la que ha perdido el don de la sanidad, veamos lo que la Biblia dice al respecto. ¿No nos pone a menudo en guardia contra la incredulidad, contra todo lo que puede alejarnos de nuestro Dios (Hebreos 3:12)? ¿No nos muestra la historia de la Iglesia, la necesidad de estas advertencias? ¿No nos proporciona numerosos ejemplos de las huellas de antaño, de un mundo agradable (Hebreos 11:1-2, 5), en el que la fe se debilitó, en la misma medida en que el espíritu del mundo se impuso (1 Corintios 2:12)? Porque tal fe, sólo es posible para quien vive en el mundo invisible.

Hasta el siglo III d.C., las sanidades por la fe *en* Cristo fueron numerosas, pero en los siglos siguientes, se hicieron más infrecuentes. ¿No sabemos por la Biblia que es siempre la incredulidad, la que impide la poderosa obra de Dios (Marcos 9:24)? ¡Oh, que podamos aprender a creer en las promesas de Dios! Dios no se ha alejado de Sus promesas; Jesús sigue siendo el que sana, tanto el alma como el cuerpo; la salvación nos ofrece, incluso ahora, la sanidad y la santidad; y el Espíritu Santo está siempre dispuesto, a darnos algunas manifestaciones de Su poder. Incluso cuando preguntamos, por qué este poder divino no se ve más a menudo, Él nos responde: *"Por vuestra poca fe"*. Cuanto más nos entregemos a experimentar la santificación personal, por medio de la fe; más experimentaremos también, la sanidad por medio de la fe. Estas dos doctrinas, andan juntas. Cuanto más viva y actúe el Espíritu de Dios en el alma de los creyentes, más se multiplicarán los milagros, por los que Él obra en el cuerpo. Así el mundo podrá reconocer, lo que significa la redención.

Capítulo 3: Jesús y los médicos

"Pero una mujer que desde hacía doce años padecía de flujo de sangre, y había sufrido mucho de muchos médicos, y gastado todo lo que tenía, y nada había aprovechado, antes le iba peor, cuando oyó hablar de Jesús, vino por detrás entre la multitud, y tocó Su manto. Porque decía: Si tocare tan solamente Su manto, seré salva. Y en seguida la fuente de su sangre se secó; y sintió en el cuerpo que estaba sana de aquel azote. Luego Jesús, conociendo en Sí mismo el poder que había salido de Él, volviéndose a la multitud, dijo: ¿Quién ha tocado Mis vestidos? Sus discípulos le dijeron: Ves que la multitud te aprieta, y dices: ¿Quién me ha tocado? Pero Él miraba alrededor para ver quién había hecho esto. Entonces la mujer, temiendo y temblando, sabiendo lo que en ella había sido hecho, vino y se postró delante de Él, y le dijo toda la verdad. Y Él le dijo: Hija, tu fe te ha hecho salva; vé en paz, y queda sana de tu azote"
(Marcos 5:25-34)

Podemos estar agradecidos con Dios por habernos dado médicos. Su vocación es una de las más nobles, ya que un gran número de ellos, buscan hacer verdaderamente, con amor y con compasión, todo lo que puedan para aliviar los males y los sufrimientos que agobian a la humanidad, como resultado del pecado. Hay incluso algunos que son celosos servidores de Jesucristo, y que buscan también el bien de las almas de sus pacientes.

Sin embargo, es el mismo Jesús quien es siempre el primero, el mejor, y el más grande de los médicos. Jesús sana las enfermedades, en las que los médicos terrenales no pueden hacer nada, porque el Padre le dio este poder, cuando le encargó la obra de nuestra redención. Jesús, al vestirse sobre

Sí de nuestro cuerpo humano (Filipenses 2:6-7), lo liberó del dominio del pecado y de Satanás; ha hecho de nuestros cuerpos, templos del Espíritu Santo y miembros de Su propio cuerpo (1 Corintios 6:15, 19), y aún en nuestros días, ¡cuántos han sido abandonados por los médicos como casos incurables, cuántos casos de tuberculosis, de gangrena, de parálisis, de hidropesía, de ceguera y de sordera, han sido sanados por Él!

¿No es sorprendente entonces, que un número tan pequeño de enfermos, se dirija a Él? El método de Jesús es muy diferente al de los médicos terrenales. Ellos buscan servir a Dios, haciendo uso de los medicamentos que se encuentran en el mundo natural, y Dios hace uso de estos medicamentos de acuerdo a la ley natural, de acuerdo a las propiedades naturales de cada uno; mientras que la sanidad que procede de Jesús, es de un orden totalmente diferente; es por el poder divino, por el poder del Espíritu Santo, que Jesús sana. Así pues, la diferencia entre estos dos modos de sanidad, es muy marcada.

Para que lo entendamos mejor, tomemos un ejemplo; he aquí un médico incrédulo, pero muy inteligente en su profesión; muchos enfermos le deben su sanidad. Dios da este resultado, por medio de los medicamentos prescritos por él, y del conocimiento que el médico tiene de ellos. Aquí hay otro médico que es creyente, y que ora por la bendición de Dios sobre los medicamentos que emplea. En este caso, también un gran número de personas son sanadas, pero ni en uno ni en el otro caso, la sanidad trae consigo ninguna bendición espiritual.

Se preocuparán, incluso los creyentes a su alrededor, por los medicamentos que utilizan, mucho más que por lo que el Señor pueda hacer con ellos; y en tal caso, su sanidad será más dolorosa, que beneficiosa. Por el contrario, cuando es Jesús el único a quien el enfermo solicita la sanidad, aprende a no contar ya con los medicamentos; sino a ponerse en una relación directa con Su amor y con Su Omnipotencia. Para obtener tal sanidad, debe comenzar por confesar y por renunciar a sus pecados, y ejercer una fe viva. Entonces la sanidad vendrá directamente del Señor, que toma posesión del cuerpo enfermo; y, se convierte así, en una bendición tanto para el alma como para el cuerpo.

"¿Pero no es Dios quien ha dado los medicamentos al hombre?", se pregunta. "¿No viene su poder de Él?". Sin duda; pero, por otro lado, ¿no es Dios quien nos ha dado a Su Hijo, con todo el poder de sanar? ¿Seguiremos el camino de la ley natural, con todos aquellos que aún no conocen a Cristo; y también con aquellos de Sus hijos, cuya fe es aún demasiado débil para abandonarse a Su Omnipotencia; o más bien, elegimos el camino de la fe, recibiendo la sanidad del Señor y del Espíritu Santo, viendo en ello el resultado y la prueba de nuestra redención?

La sanidad que realiza nuestro Señor Jesús, trae consigo, y deja tras de sí, una bendición más real, que la que se obtiene a través de los médicos. La sanidad ha sido una desgracia, para más de una persona. En un lecho de enfermedad, los pensamientos serios se han apoderado de él, pero desde el momento de su sanidad, ¡cuántas veces un enfermo ha sido encontrado de nuevo lejos del Señor! No es así, cuando es Jesús quien sana. La sanidad se concede, después de la confesión del pecado; por lo tanto, al acercar al enfermo a Jesús y al establecer un nuevo vínculo entre él y el Señor, le hace experimentar Su amor y Su poder, comienza en él una nueva vida de fe y de santidad.

Cuando la mujer que había tocado el borde del manto de Cristo se sintió sanada, aprendió algo de lo que significa el amor divino. Se fue con las palabras: *"Hija, tu fe te ha salvado, ve en paz"*. ¡Oh!, vosotros que estáis sufriendo alguna enfermedad, sabed que Jesús, el Sanador soberano, está todavía entre nosotros. Está cerca de nosotros, y está dando de nuevo a Su Iglesia, pruebas manifiestas de Su Presencia. ¿Estás listo para romper con el mundo, para abandonarte a Él con fe y con confianza? Entonces no temas, recuerda que la sanidad divina, es parte de la vida de fe. Si nadie a tu alrededor puede ayudarte en la oración, si ningún "anciano" está a mano para orar la oración de fe (Santiago 5:14), no temas ir tú mismo al Señor, en el silencio de la soledad, como la mujer que tocó el borde de Su manto. Encomiéndale a Él, el cuidado de tu cuerpo. Calla delante de Él (Salmos 37:7), y dí, como la pobre mujer dijo: *"Seré sanada"*. Tal vez tome algún tiempo, romper las cadenas de tu incredulidad; pero seguramente, ninguno de los que esperan en Él, serán avergonzados (Salmos 25:3).

Capítulo 4: Salud y salvación en el nombre de Jesús

"Y por la fe en Su Nombre, a éste, que vosotros veis y conocéis, le ha confirmado Su Nombre; y la fe que es por Él, ha dado a éste está completa sanidad en presencia de todos vosotros" (Hechos 3:16).

"Sea notorio a todos vosotros, y a todo el pueblo de Israel, que, en el nombre de Jesucristo de Nazaret, a quien vosotros crucificasteis y a quien Dios resucitó de los muertos, por Él, este hombre está en vuestra presencia sano" (Hechos 4:10).

"Y en ningún otro hay salvación; porque no hay otro nombre bajo el cielo, dado a los hombres, en que podamos ser salvos" (Hechos 4:12).

Cuando después de Pentecostés, el paralítico fue sanado a través de Pedro y de Juan en la puerta del templo, fue sanado *"en el nombre de Jesucristo de Nazaret"*, y le dijeron: *"Levántate y anda"*, y tan pronto como la gente en su asombro, corrió hacia ellos, Pedro declaró que era el nombre de Jesús, el que había sanado tan completamente a aquel hombre. Como resultado de este milagro y del discurso de Pedro, mucha gente que había escuchado la Palabra, creyó (Hechos 4:4).

Al día siguiente, Pedro repitió estas palabras ante el Sanedrín: *"En el nombre de Jesucristo de Nazaret... este hombre está aquí delante de todos vosotros"*; y luego añadió: *"No hay otro nombre bajo el cielo... en el que podamos ser salvos"*. Esta declaración de Pedro, nos muestra que el nombre de Jesús sana y salva. Tenemos aquí, una de las enseñanzas más importantes acerca de la sanidad divina. Vemos que la sanidad y la salud, forman parte de la salvación de Cristo. ¿No lo afirma claramente Pedro, en su discurso al Sanedrín, donde, habiendo hablado de sanidad, pasa inmediatamente a hablar de la salvación en Cristo? (Hechos 4:10, 12).

En el cielo, incluso nuestros cuerpos tendrán su parte en la salvación (Filipenses 3:21); la salvación no será completa para nosotros, hasta que nuestros cuerpos disfruten de la plena redención de Cristo (2 Corintios 5:1, 4). ¿Por qué entonces no debemos creer en esta obra de redención, aquí abajo en la tierra? Incluso ya aquí en la tierra, la salud de nuestros cuerpos es un fruto de la salvación, que Jesús ha adquirido para nosotros. Vemos también que, tanto la salud como la salvación, se obtienen por medio la fe. La tendencia del hombre, por naturaleza, es lograr su salvación por medio de sus obras (Efesios 2:9), y sólo con dificultad, llega a recibirla por medio de la fe; pero cuando se trata de la sanidad del cuerpo, tiene aún más dificultad para aprovecharla.

En cuanto a la salvación, la termina aceptando, porque de ninguna otra manera, puede abrir la puerta del cielo; mientras que, para el cuerpo, se vale de los medicamentos conocidos. ¿Por qué entonces debe buscar la sanidad divina? Bienaventurado el que llega a comprender, que es la voluntad de Dios; que Dios quiere manifestar el poder de Jesús, y también revelarnos Su amor de Padre; al ejercitar y al confirmar nuestra fe, y al hacernos probar el poder de la redención, tanto en el cuerpo como en el alma. El cuerpo es parte de nuestro ser (1 Tesalonicenses 5:23); incluso el cuerpo ha sido salvado por Cristo; por lo tanto, es en nuestro cuerpo, donde nuestro Padre quiere manifestar el poder de la redención, y hacer ver en él a los hombres, que Jesús vive.

¡Oh, creamos en el nombre de Jesús! ¿No fue en el nombre de Jesús que se dio la salud perfecta al hombre impotente? ¿Y no fueron estas palabras: "*Tu fe te ha salvado*" (Mateo 9:22; Marcos 10:52; Lucas 7:50; 8:48; 17:19; 18:42), pronunciadas cuando el cuerpo fue sanado? Busquemos entonces obtener la sanidad divina. Dondequiera que el Espíritu actúe con poder, allí se obran sanidades divinas. ¿No parecería que, si alguna vez los milagros fueron superfluos, fue en Pentecostés? Pero, ¿porque entonces la palabra de los apóstoles obró poderosamente, y el derramamiento del Espíritu Santo fue tan abundante?

Bueno, es precisamente porque el Espíritu actuó poderosamente, que Su obra debe ser visible en el cuerpo. Si la sanidad divina es vista raramente en nuestros días, no podemos atribuirla a otra causa, que la de que el Espíritu no actúa con poder. La incredulidad de los mundanos y la falta de celo entre los creyentes, detienen Su obra.

Las sanidades que Dios está dando aquí y allá, son los signos precursores de todas las gracias espirituales que se nos prometen; y es sólo el Espíritu Santo, quien revela la Omnipotencia del nombre de Jesús, para operar tales sanidades. Oremos fervientemente por el Espíritu Santo, pongámonos sin reservas bajo Su dirección, y busquemos estar firmes en nuestra fe (1 Corintios 16:13; Colosenses 1:23; 1 Pedro 5:9) en el nombre de Jesús, ya sea para predicar la salvación o para la obra de la sanidad.

Dios concede la sanidad para glorificar el nombre de Jesús. Busquemos ser sanados por Jesús, para que Su nombre sea glorificado. Es triste ver lo poco que se reconoce el poder de

Su nombre, lo poco que es el fin de la predicación y de la oración. Los tesoros de la gracia divina, de los que los cristianos se privan por su falta de fe y de celo, están escondidos en el nombre de Jesús. Es la voluntad de Dios glorificar a Su Hijo en la Iglesia (Juan 16:14; 2 Tesalonicenses 1:12; 1 Pedro 4:14); y lo hará dondequiera que encuentre fe. Ya sea entre los creyentes o entre los paganos, Él está listo con la virtud de lo alto, para despertar las conciencias y para llevar a los corazones a la obediencia.

Dios está listo para manifestar el poder de Su Hijo, y para hacerlo de una manera sorprendente; tanto en el cuerpo como en el alma. Creámoslo para nosotros mismos, creámoslo para los demás, para el círculo de creyentes que nos rodea, y también para la Iglesia en el mundo entero. Creamos con una firme fe, en el poder del nombre de Jesús, pidamos grandes cosas en Su nombre, contando con Su promesa, y veremos que Dios sigue haciendo maravillas, en el nombre de Su Santo Hijo.

Capítulo 5: No por nuestro propio poder

"Viendo esto Pedro, respondió al pueblo: Varones israelitas, ¿por qué os maravilláis de esto? ¿o por qué ponéis los ojos en nosotros, como si por nuestro poder o piedad hubiésemos hecho andar a éste?" (Hechos 3:12).

Tan pronto como el hombre impotente fue sanado, a la puerta del templo por medio de Pedro y Juan, el pueblo corrió hacia ellos. Pedro, viendo que este milagro se atribuyó a su poder y piedad, no perdió el tiempo para corregirlos, diciéndoles que toda la gloria de este milagro, le pertenecía a Jesús, y que es Él en quien debemos creer.

Pedro y Juan estaban indudablemente llenos de fe y de piedad; quizás incluso ellos, pudieron haber sido los más santos y celosos servidores de Dios en su tiempo; de otra manera, Dios no los habría escogido como instrumentos (Hechos 9:15; 2 Timoteo 2:21), en este caso de sanidad. Pero ellos sabían, que su vida de piedad, no era de ellos mismos, que era de Dios a través del Espíritu Santo. Piensan tan poco de sí mismos (Filipenses 2:3), que ignoran su propia piedad, y sólo saben una cosa: que todo el poder le pertenece a su Maestro.

Se apresuran entonces, a declarar que, en esto, no tenían nada que ver, que era la obra realizada solamente por el Señor. Este es el objetivo de la sanidad divina: ser una prueba del poder de Jesús, un testigo a los ojos de los hombres de lo que Él es, proclamando Su intervención divina y atrayendo los corazones hacia Él. *"Como si por nuestro poder o piedad hubiésemos hecho andar a éste"*. Así se convierten en aquellos que hablan, y que el Señor se complace en usar, para ayudar a otros por su fe.

Es necesario insistir en esto, debido a la tendencia de los creyentes a pensar lo contrario. Aquellos que han recuperado su salud, en respuesta a "*la oración de fe*", a "*la oración eficaz del justo*" (Santiago 5:16), corren el peligro, de estar demasiado ocupados con el instrumento humano, que Dios se complace en utilizar; y de pensar, que el poder reside en la piedad del hombre. Sin duda, la oración de fe es el resultado de la verdadera piedad; pero aquellos que la poseen, serán los primeros en reconocer, que no proviene de ellos mismos, ni de ningún esfuerzo propio.

Temen robar al Señor, la más mínima partícula de la gloria que le pertenece, y saben que, si lo hacen, le obligarán a retirar Su gracia de ellos. Es su gran deseo, ver a las almas que Dios ha bendecido a través de ellos, entrar en una comunión directa y cada vez más íntima con el mismo Señor Jesucristo, ya que ese es el resultado, que debe producir su sanidad. Por eso insisten, en que no se debe a su propio poder o piedad. Tal testimonio de su parte, es necesario para responder a las acusaciones erróneas de los incrédulos.

La Iglesia de Cristo necesita oír claramente que, es a causa de su mundanalidad e incredulidad, que ha perdido estos dones espirituales de sanidad (1 Corintios 12:9); y que el Señor restaura a aquellos que, con fe y con obediencia, han consagrado sus vidas a Él. Esta gracia no puede reaparecer, sin antes ser precedida por una renovación de la fe y de la santidad.

Pero entonces, dice el mundo, y con él un gran número de cristianos: "Estáis reclamando la posesión de un orden más elevado de fe y de santidad, ¿os consideráis más santos que los demás?". A tales acusaciones, esta palabra de Pedro es la única respuesta ante Dios y delante del hombre, confirmada por una vida de profunda y de real humildad: "*por qué ponéis los ojos en nosotros, como si por nuestro poder o piedad hubiésemos hecho andar a éste*". "*No a nosotros, oh Jehová, no a nosotros, sino a Tu Nombre da gloria, por Tu misericordia, por Tu verdad*" (Salmos 115:1).

Tal testimonio, también es necesario, en vista de nuestro propio corazón y de las artimañas de Satanás. Mientras que, a través de la infidelidad de la Iglesia, los dones de sanidad se otorgan, pero escasamente; los hijos de Dios que han recibido estos dones, corren el peligro de enorgullecerse de ellos, y de imaginar que tienen en sí mismos, algo excepcionalmente meritorio.

El enemigo no olvida perseguirlos con tales insinuaciones, y ay de ellos si le escuchan. No son ignorantes de sus maquinaciones (2 Corintios 2:11); por lo tanto, necesitan orar continuamente al Señor, para que Él los mantenga en humildad; que es el verdadero medio de obtener continuamente más gracia (Santiago 4:10; 1 Pedro 5:6). Si perseveran en la humildad, reconocerán que, cuanto más Dios se sirva de ellos, más se dejarán penetrar por la convicción de que es Dios, el único que obra por ellos, y que toda la gloria le pertenece únicamente a Él. "*Pero por la gracia de Dios soy lo que soy; y Su gracia no ha sido en vano para conmigo, antes he trabajado más que todos ellos; pero no yo, sino la gracia de Dios conmigo*" (1 Corintios 15:10). Tal era su lema.

Por último, este testimonio es útil, para los débiles que anhelan la salvación, y que desean recibir a Cristo como su Sanador. Oyen hablar de la plena consagración y de la entera obediencia, pero se forman una falsa idea de ello. Piensan que deben alcanzar en sí mismos, un alto grado de conocimiento y de perfección, y caen presa del desánimo. ¡No!, no; no es por nuestro propio poder o piedad, que obtenemos estas gracias; sino por una fe muy simple, por una fe infantil, que sabe que no tiene poder ni piedad propia, y que se compromete completamente con Aquel que es Fiel (Apocalipsis 3:14; 19:11), y cuya Omnipotencia puede cumplir Su promesa. ¡Oh, no busquemos *hacer* o *ser* nada en nosotros mismos! Sólo cuando sentimos nuestra propia impotencia, y esperamos todo de Dios y de Su Palabra, es cuando nos damos cuenta, de la gloriosa manera en que el Señor sana la enfermedad: *"por la fe en Su Nombre"*.

Capítulo 6: De acuerdo con la medida de la fe

"Entonces Jesús dijo al centurión: Vé, y como creíste, te sea hecho. Y su criado fue sanado en aquella misma hora" (Mateo 8:13).

Este pasaje de la Escritura, nos presenta una de las principales leyes del reino de los cielos. Para entender los caminos de Dios con Su pueblo, y nuestras relaciones con el Señor, es necesario entender esta ley a fondo, y no desviarse de ella. Dios no sólo da o retira Sus dones, según la fe o la incredulidad de cada uno; sino que se conceden en mayor o en menor medida, sólo en proporción a la fe que los recibe.

Dios respeta el derecho a decidir, lo que ha conferido al hombre. Por lo tanto, sólo puede bendecirnos en la medida en que cada uno se entregue a Su obra divina y le abra todo su corazón (Hechos 16:14). La fe en Dios, no es otra cosa que la apertura total del corazón, para recibir todo de Dios; por lo tanto, el hombre sólo puede recibir la gracia divina, según su fe; y esto se aplica, tanto a la sanidad divina como a cualquier otra gracia de Dios.

Esta verdad es confirmada, por las bendiciones espirituales que pueden resultar de la enfermedad. A menudo se hacen dos preguntas: (1) ¿No es la voluntad de Dios, que Sus hijos permanezcan a veces en un estado prolongado de enfermedad? (2) Puesto que es algo reconocido, que la sanidad por medio de la cena[3], trae consigo una mayor

[3] Murray está aludiendo acá, a 1 de Corintios 11:29-30: *"Porque el que come y bebe indignamente, sin discernir el cuerpo del Señor, juicio come y bebe para sí. Por lo cual hay muchos enfermos y debilitados entre vosotros, y muchos duermen"*. Si

bendición espiritual que la enfermedad misma, ¿por qué Dios permite que algunos de Sus hijos continúen enfermos durante muchos años, y mientras están en esta condición, les da la bendición en la santificación, y en la comunión con Él? La respuesta a estas dos preguntas, es que Dios da a Sus hijos según su fe.

Ya hemos tenido ocasión de constatar, que en la misma medida en que la Iglesia se ha hecho mundana, su fe en la sanidad divina ha disminuido, hasta por fin desaparecer. Los creyentes no parecen ser conscientes, de que pueden pedir a Dios la sanidad de su enfermedad; y que, por lo tanto, pueden ser santificados y preparados para Su servicio. Han llegado a buscar sólo la sumisión a Su voluntad y a considerar la enfermedad, como un medio para separarse del mundo. En tales condiciones, el Señor les da lo que piden. Él habría estado dispuesto a darles aún más, a concederles la sanidad en respuesta a la oración de fe, pero les faltó la fe para recibirla.

Dios siempre se encuentra con Sus hijos donde están, por muy débiles que sean. Los enfermos, por lo tanto, que han deseado recibirlo de todo corazón, habrán recibido de Él, el fruto de la enfermedad, en su deseo de que su voluntad sea conformada a la voluntad de Dios. Podrían haber recibido además la sanidad, como prueba de que Dios aceptó su sumisión; pero, si esto no ha sido así, es porque la fe les ha fallado para pedirlo: "*Como creíste, te sea hecho*".

---

participar indignamente de la cena del Señor, puede acarrearnos enfermedades de parte de Él; de igual forma es cierto, que, al discernir apropiadamente el Cuerpo del Señor, somos bendecidos; incluso con la sanidad y con el fortalecimiento de nuestros cuerpos mortales.

Estas palabras, dan la respuesta a otra pregunta: ¿Cómo puede decirse que la sanidad divina, trae consigo tanta bendición espiritual, cuando uno ve que la mayoría de los que fueron sanados por el Señor Jesús, no recibieron nada más, que una liberación de sus actuales sufrimientos, sin dar ninguna prueba, de que también fueron espiritualmente bendecidos? Aquí también: así como ellos creyeron, así les fue hecho.

Un buen número de enfermos, habiendo sido testigos de la sanidad de otros, ganaron confianza en Jesús (Efesios 3:12; 1 Timoteo 3:13), lo suficiente como para ser sanados, y Jesús les concedió su petición, sin añadir otras bendiciones para sus almas. Antes de Su ascensión, el Señor no tenía una entrada tan libre, como la que tiene ahora en el corazón del hombre: "*porque todavía no había Espíritu, pues Jesús no había sido aún glorificado*" (Juan 7:39; BTX3)[4].

La sanidad de los enfermos, era entonces apenas una bendición para el cuerpo. Sólo más tarde, en la dispensación del Espíritu, la convicción y la confesión del pecado, se convirtieron para el creyente en la primera gracia, que recibió la condición esencial para obtener la sanidad, como nos dice San Pablo en su epístola a los Corintios, y Santiago en la suya, dirigida *a las doce tribus que están en la dispersión* (1 Corintios 11:31-32; Santiago 5:16). Así pues, el grado de gracia espiritual que podemos recibir, depende de la medida de nuestra fe, ya

[4] Para una explicación detallada sobre el sentido de este versículo en el Evangelio de Juan, invitamos al lector a leer el libro: *El Espíritu de Cristo*, de Andrew Murray, su obra cumbre, disponible únicamente a través de Amazon.

sea por su manifestación externa, o especialmente, por su influencia en nuestra vida interior.

Recomendamos a todo aquel que sufra y que busque la sanidad, y que busque, asimismo, conocer a Jesús como su Divino Sanador; que no se deje obstaculizar por su incredulidad, que no dude de las promesas de Dios (Santiago 1:6)), y que sea "*fortalecido en fe, dando gloria a Dios*" (Romanos 4:20) como es debido. "*Como creíste, te sea hecho*". Si con todo tu corazón confías en el Dios vivo[5], serás abundantemente bendecido; no lo dudes. La porción de la fe, es siempre aferrarse a lo que parece imposible o extraño a los ojos humanos (Hebreos 11:1). Estemos dispuestos a ser considerados *insensatos por amor de Cristo* (1 Corintios 4:10).

No temamos pasar por débiles de mente, a los ojos del mundo y de los cristianos que ignoran estas cosas; porque, con la autoridad de la Palabra de Dios, creemos lo que otros no pueden admitir todavía. No se desanime pues en su expectativa, aunque Dios se demore en responderle, o si su enfermedad se agrava. Una vez que hayas puesto tu pie firmemente en la roca inconmovible de la propia Palabra de Dios (Lucas 6:47-49; cf. Isaías 26:4), y hayas rogado al Señor que manifieste Su Omnipotencia en tu cuerpo, porque eres uno de los miembros de Su Cuerpo (Efesios 5:30), y el templo del Espíritu Santo (1 Corintios 6:19); persevera en creer en Él (Romanos 15:13), con la firme seguridad de que se ha comprometido por ti, que se ha hecho responsable de tu

---

[5] El Dios vivo: Hechos 14:15; 2 Corintios 3:3; 1 Tesalonicenses 1:9; 1 Timoteo 6:17; Hebreos 3:12; 9:14; 10:31; 12:22; Apocalipsis 7:2.

cuerpo, y que Su virtud sanadora[6] vendrá a glorificarlo en ti (Juan 17:10).

---

[6] Lucas 8:46, en la RVR-1909, dice: "*Y Jesús dijo: Me ha tocado alguien; porque Yo he conocido que ha salido* virtud (gr. *dynamin*) *de Mí*".

Capítulo 7: El camino de la fe

"E inmediatamente el padre del muchacho clamó y dijo: Creo; ayuda mi incredulidad" (Marcos 9:24).

Estas palabras, han sido una ayuda y una fortaleza para miles de almas, en su búsqueda de la salvación y de los dones de Dios. Noten que es en relación con un niño afligido, que las mismas fueron pronunciadas; en la lucha de la fe al buscar la sanidad del Señor Jesús. En ellas vemos que, en una misma alma, puede surgir una lucha entre la fe y la incredulidad; y que no es sin una lucha, que llegamos a creer en Jesús y en Su Todopoderoso poder para sanar a los enfermos. En esto encontramos el estímulo necesario, para llevar a la realización el poder del Salvador. Hablo aquí especialmente a los enfermos, que no dudan del poder o de la voluntad del Señor Jesús para sanar en este día, sin el uso de medicamentos terrenales; pero que carecen de la confianza para aceptar la sanidad por sí mismos.

Creen en el poder divino de Cristo, creen de manera general en Su buena voluntad de sanar; han adquirido, – ya sea por las Escrituras, o por los hechos de sanidades realizadas única y directamente por el Señor, la cuales han tenido lugar en nuestros días – la persuasión intelectual, de que el Señor puede ayudarles incluso a ellos, pero se retraen a aceptar la sanidad, y a decir con fe: "El Señor me ha escuchado, sé que me está sanando". Primero hay que tener en cuenta que, sin fe nadie puede ser sanado (Hebreos 11:6). Cuando el padre del niño afligido, le dijo a Jesús: *"si puedes hacer algo, ten misericordia de nosotros, y ayúdanos"* (Marcos 9:22). Jesús respondió: *"Si puedes creer, al que cree todo le es posible"* (Marcos

9:23). Jesús tenía el poder de sanar, y estaba listo para hacerlo, pero echó la responsabilidad sobre el hombre: "*Si puedes creer, al que cree todo le es posible*".

Para obtener tu sanidad de Jesús, no basta con orar. La oración sin fe es impotente. Es "*la oración de fe*" la que salva a los enfermos (Santiago 5:15). Si ya has pedido la sanidad del Señor, o si otros la han pedido por ti; debes, antes de que seas consciente de cualquier cambio, poder decir con fe: "Por la autoridad de la Palabra de Dios, tengo la seguridad de que Él me escucha y de que seré sano". Tener fe significa en tu caso, entregar tu cuerpo absolutamente en las manos del Señor, y abandonarte completamente a Él. La fe recibe la sanidad, como una gracia espiritual que procede del Señor, incluso cuando no hay un cambio consciente en el cuerpo. La fe puede glorificar a Dios, y decir: "*Bendice, alma mía, a Jehová, Y bendiga todo mi ser Su santo Nombre. Bendice, alma mía, a Jehová, Y no olvides ninguno de Sus beneficios. Él es quien perdona todas tus iniquidades, El que sana todas tus dolencias*" (Salmos 103:1-3).

El Señor requiere esta fe para poder sanar. ¿Pero cómo se obtiene esa fe? Dile a tu Dios, la incredulidad que encuentras en tu corazón (Hebreos 3:12), y cuenta con Él, para que te libere de ella. La fe no es dinero, con el que se pueda comprar tu sanidad al Señor (cf. Hechos 8:20). Es Él, quien desea despertar y desarrollar en ti la fe necesaria. "*Ayuda mi incredulidad*", exclamó el padre del niño. Era su ardiente deseo, que su fe no se quedara corta. Confiesa al Señor todas las dificultades que tienes para creerle, en base a Su Palabra; dile que quieres librarte de esta incredulidad, que se la traes con la voluntad de escuchar sólo Su Palabra.

No pierdas tiempo en lamentar tu incredulidad, sino mira a Jesús (Hebreos 12:2). La luz de Su rostro te permitirá encontrar el poder para creer en Él (Salmos 44:3; 89:15; cf. Apocalipsis 21:23-24). Él te llama a confiar en Él; escúchalo, y por Su gracia, la fe triunfará en ti. Dile: "Señor, todavía soy consciente de la incredulidad que hay en mí. Me resulta difícil creer que estoy seguro de mi sanidad, porque poseo a Aquel que la obra. Y, sin embargo, quiero conquistar esta incredulidad. Tú, Señor, me darás la victoria. Deseo creer, creeré, por Tu gracia me atrevo a decir que puedo creer. Sí, Señor, creo, porque Tú vienes en ayuda de mi incredulidad".

Cuando estamos en íntima comunión con el Señor, y cuando nuestro corazón responde al Suyo, esa incredulidad es superada y vencida. También es necesario dar testimonio de la fe que uno tiene. Resolved a creer lo que el Señor os dice; a creer, sobre todo, lo que Él *es*. Apóyate totalmente en Sus promesas: "*Y la oración de fe salvará al enfermo*" (Santiago 5:15). "*Yo Soy Jehová tu sanador*" (Éxodo 15:26). Mirad a Jesús, que "*tomó nuestras debilidades y llevó las enfermedades*" (Mateo 8:17; BTX3), y que sanó a todos los que acudieron a Él; confiad en el Espíritu Santo, para que manifieste en vuestro corazón, la Presencia de Jesús, que también está ahora en el cielo (Hebreos 8:1), y para que obre también en vuestro cuerpo, el poder de Su gracia. Alabad al Señor sin esperar a sentiros mejor, o a tener más fe. Alábale, y di con David: "*Jehová Dios mío, A Ti clamé, y me sanaste*" (Salmos 30:2). La sanidad divina es una gracia espiritual, que sólo puede ser recibida espiritualmente y por medio de la fe, antes de sentir su efecto en el cuerpo. Acéptela entonces, y dele gloria a Dios.

Cuando el Señor Jesús ordenó al espíritu inmundo que saliera del niño, lo sacudió con violencia, de modo que quedó como muerto, de modo que muchos decían: "*Está muerto*" (Marcos 9:26). Si tu enfermedad no cede de inmediato, si Satanás y tu propia incredulidad intentan imponerse, no les prestes atención, aférrate estrechamente a Jesús tu Sanador, y seguramente Él te sanará.

Capítulo 8: Tu cuerpo es el templo del Espíritu Santo

"¿No sabéis que vuestros cuerpos son miembros de Cristo? ¿Quitaré, pues, los miembros de Cristo y los haré miembros de una ramera? De ningún modo… ¿O ignoráis que vuestro cuerpo es templo del Espíritu Santo, el cual está en vosotros, el cual tenéis de Dios, y que no sois vuestros? Porque habéis sido comprados por precio; glorificad, pues, a Dios en vuestro cuerpo y en vuestro espíritu, los cuales son de Dios"
(1 Corintios 6:15, 19-20).

La Biblia nos enseña que el Cuerpo de Cristo[7], es la compañía de los fieles. Estas palabras se toman generalmente en su sentido espiritual, mientras que la Biblia nos pregunta positivamente, si no sabemos que nuestros cuerpos son los miembros de Cristo. De la misma manera, cuando la Biblia habla de la morada del Espíritu Santo (Juan 14:17; Romanos 8:9, 11; 1 Corintios 3:16; 2 Timoteo 1:14) o de Cristo (Romanos 8:10; Colosenses 1:27), limitamos Su Presencia a la parte espiritual de nuestro ser (1 Tesalonicenses 5:23), a nuestra alma o a nuestro corazón (Efesios 3:17). Sin embargo, la Biblia dice expresamente: *"¿O ignoráis que vuestro cuerpo es templo del Espíritu Santo?"*.

Cuando la Iglesia comprenda, que el cuerpo también tiene parte en la redención que es por medio de Cristo, por la cual debe ser devuelto a su destino original (Génesis 1:26), para ser la morada del Espíritu Santo, para servir como Su

---

[7] Se refiere al Cuerpo místico de Cristo, a todos los creyentes como miembros, y no al cuerpo físico, con el cual se encarnó.

instrumento, para ser santificado por Su Presencia (Hechos 9:15; 2 Timoteo 2:21); también reconocerá todo el lugar que tiene la sanidad divina en la Biblia, y en los consejos de Dios (Hechos 20:27).

El relato de la creación nos dice, que el hombre está compuesto de tres partes[8]. Dios primero formó el cuerpo del polvo de la tierra, después de lo cual, sopló en él "*el aliento de vida*". Hizo que Su propia vida, Su espíritu, entrara en él. Por esta unión del Espíritu con la materia, el hombre se convirtió en un "*alma viviente*".

El alma, que es esencialmente el hombre[9], encuentra su lugar entre el cuerpo y el espíritu; es el vínculo que los une (Hebreos 4:12). Por el cuerpo, el alma se encuentra en relación con el mundo exterior; por el espíritu, con el mundo invisible y con Dios (Colosenses 1:15; 1 Timoteo 1:17; Hebreos 11:27). Por medio del alma, el espíritu puede someter al cuerpo, a la acción de las potencias celestiales y espiritualizarlo así; por medio del alma, el cuerpo puede también actuar sobre el espíritu y atraerlo hacia la tierra.

El alma, sujeta a las solicitaciones del espíritu y del cuerpo, está en condición de elegir, entre la voz de Dios, que habla por medio del Espíritu; o la voz del mundo, que habla por medio de los sentidos. Esta unión del espíritu y del cuerpo, forma una combinación única en la creación, hace que el hombre sea la joya de la corona de la obra de Dios. Ciertamente, otras criaturas ya habían existido antes de la creación del ser

---

[8] Se refiere a Génesis 2:7.

[9] Es decir, su 'yo', el asiento de las emociones, de los razonamientos y de la voluntad del ser humano.

humano; por ejemplo, los ángeles. Sin embargo, eran todas estas creaturas espíritus o seres espirituales (Hebreos 1:14); sin ningún tipo de cuerpo material; y otras, como los animales, eran sólo carne, poseyendo un cuerpo animado con un alma viva, pero desprovistos de espíritu (Génesis 1:20-21, 24-25).

El hombre estaba destinado a mostrar que el cuerpo material, gobernado por el espíritu, era capaz de ser transformado por el poder del Espíritu de Dios (2 Corintios 3:18); y, de ser así, llevado a participar de la gloria celestial (Filipenses 3:21; 1 Corintios 15:40). Sabemos lo que el pecado y Satanás, han hecho con esta posibilidad de transformación gradual (2 Corintios 4:16). Por medio del cuerpo, el espíritu fue tentado, seducido, y se convirtió en un esclavo de los sentidos (Génesis 3:6).

Sabemos también lo que Dios ha hecho, para destruir la obra de Satanás (Hebreos 2:14) y para cumplir el propósito original de la creación. "*Para esto apareció el Hijo de Dios, para deshacer las obras del diablo*" (1 Juan 3:8). Dios preparó un cuerpo para Su Hijo (Hebreos 10:5). "*El Verbo se hizo carne*" (Juan 1:14). "*En Él habita corporalmente toda la Plenitud de la Divinidad*" (Colosenses 2:9). "*Quien llevó Él mismo nuestros pecados en Su cuerpo sobre el madero, para que nosotros, estando muertos a los pecados, vivamos a la justicia; y por cuya herida fuisteis sanados*" (1 Pedro 2:24).

Y ahora Jesús, resucitado de la muerte, con un cuerpo tan libre del pecado como Su espíritu y Su alma, comunica a nuestro cuerpo la virtud de Su cuerpo glorificado. La Cena del Señor es "*la comunión del cuerpo de Cristo*"; y nuestros cuerpos son "*los miembros de Cristo*" (1 Corintios 10:16; 6:15; 12:27).

La fe nos pone en posesión de todo, lo que la muerte de Cristo y Su resurrección nos han procurado, y no es sólo en nuestro espíritu y en nuestra alma, que la vida del Jesús resucitado manifiesta Su Presencia aquí en la tierra; es también en el cuerpo (Romanos 8:11), que actúa según la medida de nuestra fe: "*¿O ignoráis que vuestro cuerpo es templo del Espíritu Santo?*" Muchos creyentes se representan a sí mismos, argumentando que el Espíritu Santo viene a morar en nuestro cuerpo, como quien mora o habita en una casa. Pero nada de eso es correcto. Puedo vivir en una casa, sin que la misma, se convierta en parte de mi ser. Puedo salir de ella sin sufrir; pues no existe una unión vital entre mi casa y yo.

No es así con relación a la presencia de nuestra alma y de nuestro espíritu en nuestro cuerpo. La vida de una planta vive e impregna cada parte de ella; y nuestra alma no se limita a habitar en tal o en cual parte del cuerpo, el corazón o la cabeza, por ejemplo; sino que penetra en todas partes, incluso hasta el extremo de los miembros más bajos (1 Tesalonicenses 5:23). La vida del alma (gr. *psychên*: Mateo 16:25) impregna todo el cuerpo; la vida prueba la presencia del alma. Es de la misma manera, que el Espíritu Santo viene a morar en nuestro cuerpo, y penetra en su totalidad. Nos anima y nos posee infinitamente más, de lo que podemos imaginar (Efesios 3:20).

Y es así también, que el Espíritu Santo trae a nuestra alma y a nuestro espíritu, la vida de Jesús (2 Corintios 4:10-11): Su santidad, Su gozo, Su fuerza, y viene también para impartir al cuerpo enfermo toda la vigorosa vitalidad de Cristo, tan pronto como la mano de la fe se extiende para recibirlo. Cuando el cuerpo está completamente sujeto a Cristo, crucificado con Él (Gálatas 2:20; 5:24), renunciando a toda voluntad propia e independencia, no deseando nada más que ser el templo del Señor; es entonces cuando el Espíritu Santo manifiesta el poder del Salvador resucitado en el cuerpo.

Sólo entonces podemos glorificar a Dios en nuestro cuerpo (1 Corintios 6:20), dejándole plena libertad para manifestar en él Su poder, para demostrar que sabe cómo liberar Su templo del dominio de la enfermedad, del pecado y de Satanás.

Capítulo 9: El cuerpo es para el Señor

"Las viandas para el vientre, y el vientre para las viandas; pero tanto al uno como a las otras destruirá Dios. Pero el cuerpo no es para la fornicación, sino para el Señor, y el Señor para el cuerpo"
(1 Corintios 6:13).

Uno de los teólogos más eruditos ha dicho, que la *corporificación* es el fin de los caminos de Dios. Como ya hemos visto, esto es lo que Dios ha logrado al crear al hombre. Esto es lo que hace que los habitantes del cielo se asombren y se admiren, cuando contemplan la gloria del Hijo (Hebreos 1:6).

Vestido con un cuerpo humano (Juan 1:14; Filipenses 2:7), Jesús ha tomado Su lugar para siempre en el trono de Dios (Apocalipsis 3:21), para participar de Su gloria (1 Timoteo 3:16). Es esto, lo que Dios ha querido. Será reconocido en aquel día, cuando la humanidad regenerada, que conforma el Cuerpo de Cristo, sea verdadera y visiblemente el templo del Dios viviente (2 Corintios 6:16; cf. Apocalipsis 21:2-3, 9-10); y cuando toda la creación en los cielos nuevos y en la tierra nueva, comparta la gloria de los hijos de Dios (Romanos 8:21). El cuerpo material será entonces, totalmente santificado, glorificado por el Espíritu (2 Corintios 3:18; 1 Tesalonicenses 5:23; 2 Tesalonicenses 2:13); y este cuerpo, así espiritualizado, será la más alta gloria del Señor Jesucristo y de Sus redimidos (cf. 2 Tesalonicenses 1:10).

Es en anticipación a esta nueva condición de las cosas, que el Señor da una gran importancia a la morada y a la santificación de nuestros cuerpos aquí en la tierra, por medio de Su Espíritu Santo. Tan poco es entendida esta verdad por los creyentes, que menos aún, buscan el poder del Espíritu Santo en sus cuerpos. Muchos de ellos también, creyendo que este cuerpo les pertenece, lo usan como les place (1 Corintios 6:15, 19). Al no entender cuánto depende del cuerpo la santificación del alma y del espíritu, no captan todo el significado de las palabras: "*El cuerpo es para el Señor*", de tal manera que son hallados en desobediencia.

"*El cuerpo es para el Señor*". ¿Qué significa esto? El apóstol acaba de decir: "*Las viandas para el vientre, y el vientre para las viandas; pero tanto al uno como a las otras destruirá Dios*". Comer y beber, le da al cristiano la oportunidad de llevar a cabo esta verdad: "*El cuerpo es para el Señor*".

Debe aprender a comer y a beber para la gloria de Dios (1 Corintios 10:31). Al comer, se produjo el pecado y la caída (Génesis 3:6). También fue a través de la comida, que el diablo buscó tentar a nuestro Señor (Mateo 4:2-3). Así Jesús mismo, santificó Su cuerpo, comiendo sólo según la voluntad de Su Padre (Mateo 4:4; cf. Juan 4:34). Muchos creyentes no vigilan sus cuerpos, no observan una sobriedad santa, para evitar que sus cuerpos no sean aptos para el servicio de Dios. Comer y beber, nunca debe impedir la comunión con Dios; su propósito es, más bien, facilitar la comunión, manteniendo el cuerpo en su condición normal.

El apóstol habla también de la fornicación, este pecado que contamina el cuerpo (1 Corintios 6:18), y que está en directa oposición a las palabras: "*El cuerpo es para el Señor*". No se trata simplemente de la incontinencia fuera del estado matrimonial; sino también, dento de ese estado, que es lo que se quiere enfatizar aquí; toda voluptuosidad, toda falta de sobriedad de cualquier tipo, es condenada con estas palabras: "*Tu cuerpo es el templo del Espíritu Santo*" (1 Corintios 6:19). De la misma manera, todo lo que sirve para mantener el cuerpo, para vestirlo, fortalecerlo, descansarlo por medio del sueño o para permitirle disfrutar sanamente, debe ser puesto bajo el control del Espíritu Santo (cf. 1 Timoteo 6:8; Hebreos 13:5).

Como en el Antiguo Pacto, el templo fue construido únicamente para Dios (1 Samuel 1:9), y para Su servicio (Números 3:6; 18:6); de la misma manera, nuestro cuerpo ha sido creado para el Señor y sólo para Él. Uno de los principales beneficios de la sanidad divina, será enseñarnos que nuestro cuerpo debe ser liberado del yugo de nuestra propia voluntad, para convertirse en propiedad del Señor. Dios no concede la sanidad a nuestras oraciones, hasta que no haya alcanzado el fin, para el que ha permitido la enfermedad. Él quiere que esta disciplina nos lleve a una comunión más íntima con Él; quiere hacernos entender, que hemos considerado nuestro cuerpo como nuestra propia propiedad, cuando en realidad le pertenece al Señor; y que el Espíritu Santo busca santificar todas sus acciones.

Nos hace comprender que, si cedemos nuestro cuerpo sin reservas a la influencia del Espíritu Santo, experimentaremos Su poder en nosotros; y nos sanará, trayendo a nuestro cuerpo la vida misma de Jesús (2 Corintios 4:10-11); nos lleva, en definitiva, a decir, con plena convicción: "*El cuerpo es para el Señor*". Hay creyentes que buscan la santidad, pero sólo para el alma y para el espíritu. En su ignorancia, olvidan que el cuerpo y que todos sus sistemas nervios, – que las manos, los oídos, los ojos, la boca – están llamados a dar testimonio directo de la Presencia y de la gracia de Dios en ellos.

No han tomado suficientemente en cuenta estas palabras: "*Vuestros cuerpos son los miembros de Cristo*". "*Más si por el Espíritu hacéis morir las obras de la carne, viviréis*" (1 Corintios 6:15; Romanos 8:13). "*Y el mismo Dios de paz os santifique por completo; y todo vuestro ser: espíritu, alma y cuerpo, sea guardado irreprensible para la venida de nuestro Señor Jesucristo*" (1 Tesalonicenses 5:23). ¡Oh, qué renovación se produce en nosotros cuando, por Su propio toque, el Señor sana nuestros cuerpos; cuando toma posesión de ellos, y cuando por Su Espíritu, se convierte en vida y en salud para ellos! Es con una conciencia indescriptible de santidad, de miedo y de gozo, que el creyente puede entonces ofrecer su cuerpo como un sacrificio vivo (Romanos 12:1), para recibir la sanidad, y para tener como lema, estas palabras: "*El cuerpo es para el Señor*".

Capítulo 10: El Señor es para el cuerpo

"Las viandas para el vientre, y el vientre para las viandas; pero tanto al uno como a las otras destruirá Dios. Pero el cuerpo no es para la fornicación, sino para el Señor, y el Señor para el cuerpo" (1 Corintios 6:13).

Hay reciprocidad en las relaciones de Dios con el hombre. Lo que Dios ha sido para mí, yo también debo serlo para Él. Y lo que yo soy para Él, Él desea volver a serlo para mí. Si en Su amor se entregó totalmente a mí, es para que yo pueda entregarme amorosamente a Él. En la medida en que yo le entregue, más o menos, todo mi ser; será en la medida en que Él se entregue más realmente a mí (cf. 2 Timoteo 2:11-13).

Dios lleva al creyente a comprender, que en este abandono de sí mismo, está implicado el cuerpo, y cuanto más nuestra vida da testimonio de que *el cuerpo es para el Señor;* más experimentamos también, que *el Señor es para el cuerpo.* Al decir: *"el cuerpo es para el Señor"*, expresamos el deseo de considerar nuestro cuerpo, como totalmente consagrado, ofrecido en sacrificio al Señor (Romanos 12:1) y santificado por Él (2 Timoteo 2:21).

Al decir: *"El Señor es para el cuerpo"*, expresamos la preciosa certeza, de que nuestra ofrenda ha sido aceptada; y que, por Su Espíritu, el Señor impartirá a nuestro cuerpo, Su propia fuerza y santidad (Romanos 8:11); y que, de ahora en adelante, nos fortalecerá (Salmos 89:21) y nos guardará (Salmos 41:2; 121:7-8). Esto es una cuestión de fe. Nuestro cuerpo es material, débil, frágil, pecaminoso y mortal. Por lo tanto, es difícil comprender de una sola vez, todo el alcance de las palabras: "*El Señor es para el cuerpo*".

Es la Palabra de Dios, la que nos explica la forma de asimilarlo. El cuerpo fue creado *por* el Señor y *para* el Señor. Jesús tomó sobre Sí un cuerpo terrenal (Juan 1:14). En Su cuerpo llevó nuestros pecados en la cruz (1 Pedro 2:24), y así liberó nuestro cuerpo del poder del pecado (1 Corintios 15:56). En Cristo, el cuerpo ha sido levantado de nuevo, y sentado en el trono de Dios (cf. Hebreos 2:6-9). El cuerpo es la morada del Espíritu Santo; está llamado a la asociación eterna en la gloria del cielo.

Por lo tanto, con certeza, y en un sentido amplio y universal, podemos decir: "¡Sí, el Señor Jesús, nuestro Salvador, es para el cuerpo!". Esta verdad tiene muchas aplicaciones. En primer lugar, es una gran ayuda para la santidad práctica. Más de un pecado, deriva su fuerza de alguna tendencia física. El borracho convertido, tiene horror a las bebidas embriagantes, pero, a pesar de ello, sus apetitos (Colosenses 2:23) son a veces una trampa para él, ganando la victoria sobre sus nuevas convicciones. Sin embargo, si en medio del conflicto entrega su cuerpo con confianza al Señor, todo apetito físico, todo deseo de beber, será superado.

Nuestro temperamento también resulta a menudo, de nuestra constitución física. Un sistema nervioso e irritable, produce palabras agudas, duras y carentes de amor. Pero dejemos que el cuerpo con esta tendencia física, sea llevado al Señor, y pronto se experimentará que el Espíritu Santo, puede mortificar los levantamientos de la impaciencia, y santificar el cuerpo, haciéndolo *irreprensible* (1 Tesalonicenses 5:23). Estas palabras: "*El Señor es para el cuerpo*", son aplicables también a la fuerza física, que el servicio del Señor nos exige. Cuando David exclamó: "*Dios es el que me ciñe de poder*" (Salmos 18:32), se refería a la fuerza física, porque añade: "*Quien hace mis pies como de ciervas, y me hace estar firme sobre mis alturas*" (Salmos 18:33). De nuevo, con las palabras: "*Jehová es la fortaleza de mi vida*" (Salmos 27:1), no se refiere sólo al hombre espiritual, sino al hombre completo.

Muchos creyentes han experimentado, que la promesa: "*Pero los que esperan a Jehová tendrán nuevas fuerzas...*" (Isaías 40:31), toca el cuerpo, y que el Espíritu Santo aumenta la fuerza física. Pero es especialmente en la sanidad divina, que vemos la verdad de estas palabras: "*El Señor es para el cuerpo*". ¡Sí, Jesús, el Sanador soberano y misericordioso, siempre está listo para salvar y para sanar!

Hubo en Suiza, hace algunos años, una joven con tuberculosis, que estuvo cerca de la muerte. El médico le había aconsejado un clima más suave, pero estaba demasiado débil para hacer el viaje. Aprendió que Jesús es el Sanador de los enfermos. Creyó en la buena noticia, y una noche, cuando pensaba en este tema, le pareció que el cuerpo del Señor se acercaba a ella, y que debía tomar estas palabras literalmente: "*Su Cuerpo es para nuestro cuerpo*". A partir de ese momento, comenzó a mejorar. Algún tiempo después, empezó a hacer lecturas bíblicas, y más tarde, se convirtió en una celosa y muy bendita trabajadora del Señor entre las mujeres.

Había aprendido a entender que el Señor es para el cuerpo. Querida enferma, el Señor te ha mostrado con la enfermedad, el poder que el pecado tiene sobre el cuerpo. Por tu sanidad,

Él también te mostrará el poder de la redención del cuerpo. Te llama a mostrar lo que no has entendido hasta ahora, que *"el cuerpo es para el Señor"*. Por lo tanto, dale tu cuerpo. Dáselo con tu enfermedad y con el pecado, que es la fuente original de la enfermedad.

Cree siempre que el Señor se ha hecho cargo de este cuerpo, y manifestará con poder, que Él es realmente el Señor, que está a favor del cuerpo. El Señor, que ha tomado un cuerpo aquí en la tierra (Filipenses 2:7) y que lo ha regenerado (Hechos 13:33; Hebreos 1:5); desde el cielo más alto (Hebreos 4:14; Efesios 4:10), donde está ahora, vestido con Su cuerpo glorificado (Filipenses 3:21), nos envía Su fuerza divina (Efesios 1:19-20), dispuesto así a manifestar Su poder en nuestro cuerpo.

Capítulo 11: No considere su cuerpo

"Y no se debilitó en la fe al considerar su cuerpo, que estaba ya como muerto (siendo de casi cien años), o la esterilidad de la matriz de Sara. Tampoco dudó, por incredulidad, de la promesa de Dios, sino que se fortaleció en fe, dando gloria a Dios, plenamente convencido de que era también poderoso para hacer todo lo que había prometido" (Romanos 4:19-21).

Cuando Dios prometió dar un hijo a Abraham, el patriarca nunca habría podido creer en esta promesa (cf. Génesis 18:10, 14), si hubiera considerado su propio cuerpo, ya envejecido y desgastado. Sin embargo, no vería nada más que a Dios (Hebreos 12:2) y a Su promesa, el poder y la fidelidad de Dios que le garantizaba el cumplimiento de Su promesa.

Esto nos permite establecer la diferencia, entre la sanidad que se espera por medio de los medicamentos terrenales, y la sanidad que se espera únicamente en Dios. Cuando recurrimos a los medicamentos para la sanidad, toda la atención del enfermo se centra en el cuerpo, considerando su cuerpo; mientras que la sanidad divina nos llama, a apartar nuestra atención del cuerpo y a abandonarnos, en alma y cuerpo, al cuidado del Señor, ocupándonos únicamente de Él.

Esta verdad nos permite igualmente, ver la diferencia entre la enfermedad mantenida para bendición y la sanidad recibida del Señor. Algunos temen tomar la promesa de Santiago 5 en su sentido literal, porque dicen que la enfermedad es más provechosa para el alma, que la salud. Es cierto que, en el caso de la sanidad obtenida por medio de los medicamentos terrenales, muchas personas serían más bendecidas al permanecer enfermas, que al recuperar la salud; pero es muy diferente cuando la sanidad viene directamente de la mano de Dios.

Para recibir la sanidad divina, el pecado debe ser tan verdaderamente confesado y renunciado; uno debe de estar tan completamente rendido al Señor, el 'yo' debe estar tan realmente rendido, para estar totalmente en Sus manos; y la voluntad de Jesús de hacerse cargo del cuerpo, debe ser constatada firmemente por nosotros, de manera que la sanidad, se convierta en el inicio de una nueva vida de íntima comunión con el Señor.

De esta manera, aprendemos a renunciar a todo, y a entregar por completo a Él, el cuidado de nuestra salud; y el más mínimo indicio del regreso del mal, será considerado como una advertencia, para no considerar nuestro cuerpo, sino para ocuparnos únicamente del Señor.

Qué contraste con el gran número de enfermos, que buscan la sanidad en los medicamentos. Si bien algunos pocos de ellos, han sido santificados por la enfermedad, habiendo aprendido a perderse a sí mismos, ¿cuántos más hay que son atraídos por la propia enfermedad, para estar constantemente ocupados en ellos mismos, y con la condición de su cuerpo? ¡Qué infinito cuidado ejercen en observar el menor síntoma, favorable o desfavorable! ¡Qué preocupación constante para ellos, es su comida y en su bebida, la ansiedad de evitar esto o aquello! ¡Cuánto se ocupan, de lo que consideran que les corresponde de los demás: si se les piensa lo suficiente, si se les cuida lo suficiente, si se les visita lo suficiente! ¡Cuánto tiempo se dedica así, a considerar el cuerpo y lo que éste exige, más que al Señor y a las relaciones que Él trata de establecer con sus almas! ¡Oh, cuántos son los que, por enfermedad, se ocupan casi exclusivamente de sí mismos!

Todo esto es totalmente diferente, cuando se busca la sanidad en la fe del Dios amoroso. Entonces, lo primero que hay que aprender, es: "Deja de preocuparte por el estado de tu cuerpo, se lo has confiado al Señor y Él ha asumido la responsabilidad. Si no ves una rápida mejoría inmediatamente, sino que, por el contrario, los síntomas parecen ser más graves, recuerda que has entrado en un camino de fe; y, por lo tanto, no debes considerar el cuerpo, sino aferrarte sólo al Dios vivo". El mandamiento de Cristo: "*No os afanéis por vuestra vida, qué habéis de comer o qué habéis de beber; ni por vuestro cuerpo*" (Mateo 6:25), aparece aquí, bajo una nueva luz.

Cuando Dios llamó a Abraham, para que no considerara su propio cuerpo, fue para llamarlo al mayor ejercicio de la fe que él pudiera realizar, para que aprendiera a ver sólo a Dios y a Su promesa (cf. Heb 11:12). Sostenido por su fe, dio gloria a Dios, convencido de que Dios haría lo que había prometido. La sanidad divina es un vínculo maravilloso, que nos une al Señor. Al principio, uno puede temer creer que el Señor extenderá Su poderosa mano y tocará el cuerpo; pero al estudiar la Palabra de Dios, el alma toma coraje y confianza.

Al final, uno se decide, diciendo: "entrego mi cuerpo en las manos de Dios; y dejo el cuidado de él a Él". Entonces el cuerpo y sus sensaciones, se pierden de vista, y sólo el Señor y Su promesa, quedan ante nuestros ojos (cf. Mateo 17:1-8). Querido lector: ¿quieres también entrar en este camino de la fe, muy superior a lo que se suele llamar natural? Camina por los pasos de Abraham. Aprende de él, a no considerar tu propio cuerpo, y a no dudar a través de la incredulidad. Considerar el cuerpo, da lugar a dudas; mientras que aferrarse a la promesa de Dios, y estar ocupado sólo con Él, da entrada al camino de la fe, el camino de la sanidad divina, que glorifica a Dios.

Capítulo 12: Disciplina y santificación

"Y aquéllos, ciertamente por pocos días nos disciplinaban como a ellos les parecía, pero éste para lo que nos es provechoso, para que participemos de Su santidad" (Hebreos 12:10).

"Así que, si alguno se limpia de estas cosas, será instrumento para honra, santificado, útil al Señor, y dispuesto para toda buena obra" (2 Timoteo 2:21).

Santificar cualquier cosa es apartarla, consagrarla, a Dios y a Su servicio. El templo de Jerusalén era santo (Mateo 23:16-17; Salmos 5:7), es decir, estaba consagrado, dedicado a Dios (Éxodo 40:33-35) para que le sirviera de morada (Levítico 26:11; 1 Reyes 8:13). Los vasos del templo eran santos, porque estaban dedicados al servicio del templo (Éxodo 39:36; 40:9; 30:29); los sacerdotes eran santos, elegidos para servir a Dios y dispuestos a laborar para Él (Levítico 7:35).

De la misma manera, el cristiano también debe ser santificado, puesto a disposición del Señor, *"dispuesto para toda buena obra"* (2 Timoteo 2:21; cf. 1 Corintios 3:17; Efesios 2:21). Cuando el pueblo de Israel salió de Egipto, el Señor los reclamó para Su servicio como un pueblo santo. *"Deja ir a Mi pueblo, para que Me sirva en el desierto"* (Éxodo 7:16), le dijo al Faraón. Liberados de su dura esclavitud, los hijos de Israel fueron acreedores para entrar de inmediato al servicio de Dios, y convertirse en sus gozosos sirvientes (cf. Éxodo 19:6). Su liberación fue el camino que les llevó a su santificación.

De nuevo en este día, Dios está formando para Sí mismo un pueblo santo (cf. 1 Pedro 2:9), y es para que podamos formar parte de ellos, que Jesús nos libera. Él "*se dio a Sí mismo por nosotros para redimirnos de toda iniquidad y purificar para Sí un pueblo propio, celoso de buenas obras*" (Tito 2:14). Es el Señor quien rompe las cadenas, con las que Satanás nos tiene esclavizados (Juan 8:34, 44). Nos quiere libres, totalmente libres para servirle. Quiere salvarnos, liberar tanto el alma como el cuerpo, para que cada uno de los miembros del cuerpo, sea consagrado a Él y puesto sin reservas a Su disposición.

Un gran número de cristianos no comprenden todavía todo esto, no saben cómo asumir, que el propósito de su liberación es que sean santificados, preparados para servir a su Dios. Hacen uso de su vida y de sus miembros, para procurar su propia satisfacción; por consiguiente, no se sienten en libertad de pedir la sanidad con fe. Por lo tanto, es para castigarlos – para que puedan ser llevados a desear la santificación – que el Señor permite a Satanás infligirles con la enfermedad, y por ello, los mantiene encadenados y prisioneros (cf. Lucas 13:11, 16).

Dios nos castiga: "*para lo que nos es provechoso, para que participemos de Su santidad*", y para que seamos santificados, "*útiles al Señor*" (Hebreos 12:10; 2 Timoteo 2:21). La disciplina que inflige la enfermedad, trae consigo grandes bendiciones. Es una llamada al enfermo para que reflexione; le hace ver que Dios está ocupado con él, y trata de mostrarle lo que hay, es decir, aquello que todavía le separa de Él. Dios le habla, le llama a examinar sus caminos (Lamentaciones 3:40; Hageo 1:5, 7), a reconocer que le ha faltado santidad, y que el propósito del castigo, es hacerle partícipe de Su santidad (Hebreos 12:10).

Despierta en él, el deseo de ser iluminado por el Espíritu Santo, en lo más profundo de su corazón, para que pueda tener una idea clara, de lo que ha sido su vida hasta el momento, una vida en su propia voluntad, muy distinta de la vida santa que Dios requiere de él. Lo lleva a confesar sus pecados, a confiárselos al Señor Jesús, a creer que el Salvador puede liberarlo de ellos. Le insta a rendirse a Él, a consagrarle su vida, a morir a sí mismo, para poder vivir para Dios (Mateo 16:25; Marcos 8:35; Lucas 9:24; 17:33; Romanos 6:11).

La santificación no es algo que puedas lograr por ti mismo; ni siquiera puede ser producida por Dios en ti, como algo que puedas poseer y contemplar en ti mismo. ¡No!, es el Espíritu Santo, el único Espíritu de Santidad (Salmos 51:11), que puede comunicarte Su santidad y renovarla continuamente. Por lo tanto, es por la fe que pueden convertirse en *"participantes de Su santidad"*. Habiendo entendido que Jesús ha sido hecho para vosotros, santificación de Dios (1 Corintios 1:30), y que es obra del Espíritu Santo impartiros Su santidad, la cual manifestó en Su vida terrenal; entregaos a Él por la fe, para que os permita vivir esa vida, hora tras hora.

Creed que el Señor os guiará por Su Espíritu (Romanos 8:14; Gálatas 5:18) y os mantendrá en esta vida de santidad y de consagración al servicio de Dios. Vivid así, en la obediencia de la fe, siempre atentos a Su voz y a la guía de Su Espíritu.

Desde que esta disciplina paternal, ha llevado al enfermo a una vida de santidad, Dios ha logrado Su propósito, y sanará a quien lo pida con fe (Santiago 1:6). Nuestros padres terrenales *"ciertamente por pocos días nos disciplinaban como a ellos les parecía, pero éste para lo que nos es provechoso, para que participemos de Su santidad. Es verdad que ninguna disciplina al presente parece ser causa de gozo, sino de tristeza; pero después da fruto apacible de justicia a los que en ella han sido ejercitados"* (Hebreos 12:10-11).

¡Sí!, es cuando el creyente se da cuenta de este fruto apacible de justicia, que está en condiciones de ser liberado del castigo. ¡Oh!, es porque los creyentes todavía entienden tan poco, que la santificación significa una entera consagración a Dios, que no pueden creer realmente que la sanidad seguirá rápidamente a la santificación del enfermo. La buena salud es demasiado a menudo para ellos, sólo una cuestión de comodidad y de disfrute personal, de la que pueden disponer a su voluntad; pero Dios no puede así, ministrar su ego, su 'yo'. Si entendieran mejor que Dios exige de Sus hijos, que sean "*santificados y útiles* para el uso del Maestro" (2 Timoteo 2:21), no se sorprenderían de verle dar sanidad y fuerza renovada, a aquellos que han aprendido a poner todos sus miembros a Su disposición, dispuestos a ser santificados y usados en Su servicio por el Espíritu Santo. El Espíritu de sanidad, es también el Espíritu de santificación (2 Tesalonicenses 2:13).

Capítulo 13: Enfermedad y muerte

"El té librará del lazo del cazador, de la peste destructora… ni pestilencia que ande en oscuridad, ni mortandad que en medio del día destruya… lo saciaré de larga vida, y le mostraré Mi salvación" (Salmos 91:3, 6, 16).

"Aun en la vejez fructificarán; estarán vigorosos y verdes" (Salmos 92:14).

Esta objeción se hace a menudo a las palabras del apóstol Santiago: *"Y la oración de fe salvará al enfermo, y el Señor lo levantará"* (Santiago 5:15). Si tenemos la promesa de ser sanados siempre, en respuesta a la oración: ¿cómo puede ser posible morir? Y algunos añaden: ¿Cómo puede un enfermo saber si Dios, que fija el tiempo de nuestra vida (Job 14:5), no ha decidido que moriremos por tal enfermedad? En tal caso, ¿no sería inútil la oración, y no sería un pecado pedir la sanidad? Antes de responder, queremos señalar que esta objeción, no se refiere a la creencia en Jesús como Sanador de los enfermos; sino a la propia Palabra de Dios, y a la promesa tan claramente declarada en la epístola de Santiago y en otros lugares.

No tenemos libertad para cambiar o para limitar las promesas de Dios, cuando nos presentan alguna dificultad; tampoco podemos insistir en que se nos expliquen claramente, antes de que podamos llegar a creer lo que afirman. Nos corresponde a nosotros, comenzar recibiéndolas sin oposición; entonces sólo el Espíritu de Dios puede encontrarnos en el estado mental, en el que podemos ser enseñados e iluminados (1 Corintios 2:13). Además, queremos señalar, que al considerar una verdad divina, que ha sido descuidada durante mucho tiempo en la Iglesia, difícilmente puede ser comprendida al principio. Es sólo poco a poco, que se discierne su importancia y su porte.

En la medida en que revive, después de haber sido aceptada por la fe, el Espíritu Santo la acompañará con una nueva luz. Recordemos que, es por la incredulidad de la Iglesia, que la sanidad divina la ha abandonado. No es de las respuestas de tal o de cual persona, que la fe en las verdades de la Biblia debería depender. "*Resplandeció en las tinieblas luz*" (Salmos 112:4), para los "*rectos*" que están listos para someterse a la Palabra de Dios.

La primera objeción es fácil de responder. Las Escrituras fijan setenta u ochenta años, como la medida ordinaria de la vida humana (cf. Salmos 90:10). El creyente que recibe a Jesús como el Sanador de los enfermos, descansará satisfecho entonces, con la declaración de la Palabra de Dios. Se sentirá libre de esperar una vida de setenta años, pero no más. Además, el hombre de fe, se pone bajo la dirección del Espíritu, lo que le permitirá discernir la voluntad de Dios, si algo le impide alcanzar los setenta años.

Toda regla tiene sus excepciones, tanto en las cosas del cielo como en las de la tierra. Por lo tanto, estamos seguros, según la Palabra de Dios, ya sea por las palabras de Jesús o por las de Santiago; de que nuestro Padre celestial quiere, por regla general, ver a Sus hijos en buena salud para que laboren en Su servicio. Por la misma razón, Él quiere liberarlos de la enfermedad, tan pronto como hayan hecho una confesión del pecado, y hayan orado con fe por su sanidad.

Para el creyente que ha caminado con su Salvador, firmemente con la fuerza que procede de la sanidad divina, y cuyo cuerpo está consecuentemente bajo la influencia del Espíritu Santo, no es necesario que cuando llegue el momento de morir, muera por causa de una enfermedad. "*Dormir en Jesucristo*" (1 Corintios 15:18; 1 Tesalonicenses 4:14-15), tal es la muerte del creyente, cuando llega el fin de su vida. Para él, la muerte es sólo un sueño, después de la fatiga de la vida, es la entrada en el descanso. La promesa: "*para que te vaya bien, y seas de larga vida sobre la tierra*" (Efesios 6:3), se dirige a nosotros que vivimos bajo el Nuevo Pacto.

Cuanto más el creyente ha aprendido a ver en el Salvador, a Aquel que "*llevó nuestras enfermedades*" (Mateo 8:17), más tiene la libertad de reclamar el cumplimiento literal de las promesas: "*Lo saciaré de larga vida*" (Salmos 91:16); "*aun en la vejez fructificarán; estarán vigorosos y verdes*" (Salmos 92:14).

El mismo texto se aplica a la segunda objeción. El enfermo ve en la Palabra de Dios, que es Su voluntad sanar a Sus hijos, después de la confesión de sus pecados, y en respuesta a la oración de fe. No se deduce que estarán exentos de otras pruebas; pero en cuanto a la enfermedad, son sanados de ella, porque ataca al cuerpo, que se ha convertido en la morada del Espíritu Santo. El enfermo debe entonces, desear la sanidad para que el poder de Dios se manifieste en él, y para que le sirva en el cumplimiento de Su voluntad.

En esto se aferra a la voluntad revelada de Dios, y para lo que no es revelado, sabe que Dios dará a conocer Su mente a sus siervos, a aquellos que caminan con Él (Filipenses 3:15). Insistimos aquí, en que la fe no es un razonamiento lógico, que deba obligar de alguna manera a Dios, a actuar según Sus promesas. Es más bien la actitud confiada del hijo que honra a su Padre, que cuenta con Su amor para verle cumplir Sus promesas, y que sabe que es Fiel en comunicar, tanto al cuerpo como al alma, la nueva fuerza que brota de la redención, hasta que llegue el momento de la partida.

Capítulo 14: El Espíritu Santo, el Espíritu de Sanidad

"Ahora bien, hay diversidad de dones, pero el Espíritu es el mismo… a otro, fe por el mismo Espíritu; y a otro, dones de sanidades por el mismo Espíritu… Pero todas estas cosas las hace uno y el mismo Espíritu, repartiendo a cada uno en particular como Él quiere" (1 Corintios 12:4, 9, 11).

¿Qué es lo que distingue a los hijos de Dios? ¿Cuál es su gloria? Es que Dios habita en medio de ellos y se les revela con poder (Éxodo 33:16; 34:9-10). Bajo el Nuevo Pacto, esta morada de Dios en el creyente es aún más manifiesta, que en los tiempos antiguos. Dios envía el Espíritu Santo a Su Iglesia, que es el Cuerpo de Cristo, para que actúe en ella con poder, y Su vida y Su prosperidad, dependen de Él.

El Espíritu debe encontrar en ella, libertad plena y sin reservas, para que sea reconocida como la Iglesia de Cristo, el Cuerpo del Señor (cf. 1 Corintios 14:25). En cada época, la Iglesia puede buscar manifestaciones del Espíritu, porque forman nuestra unidad indisoluble: *"un solo Cuerpo y un solo Espíritu"* (Efesios 4:4). El Espíritu opera de forma variada en tal o en cual miembro de la Iglesia. Es posible estar lleno del Espíritu para una obra especial, y no estarlo para otra. También hay momentos en la historia de la Iglesia, en los que ciertos dones del Espíritu son dados con poder; mientras que, al mismo tiempo, la ignorancia o la incredulidad, pueden obstaculizar otros dones.

Dondequiera que se encuentre la vida más abundante del Espíritu (Filipenses 1:19), podemos esperar que Él manifieste todos Sus dones. El don de sanidad es una de las más bellas manifestaciones del Espíritu. Se registra, acerca de Jesús: *"cómo Dios ungió con el Espíritu Santo y con poder a Jesús de Nazaret, y cómo éste anduvo haciendo bienes y sanando a todos los oprimidos por el diablo, porque Dios estaba con Él"* (Hechos 10:38). El Espíritu Santo en Él, era un Espíritu sanador, y lo mismo en los discípulos después de Pentecostés. Así, las palabras de nuestro texto, expresan lo que fue la experiencia continua de la Iglesia primitiva (comparad atentamente: Hechos 3:7; 4:30; 5:12, 15-16; 6:8; 8:7; 9:41; 14:9-10; 16:18-19; 19:12; 28:8-9).

El abundante derramamiento del Espíritu (Hechos 2:33), produjo abundantes sanidades. ¡Qué lección para la Iglesia de nuestros días! La sanidad divina es la obra del Espíritu Santo. La redención de Cristo le extiende una poderosa obra al Cuerpo, y el Espíritu Santo es responsable, tanto de transmitirla, como de mantenerla en nosotros. Nuestro cuerpo participa en el beneficio de la redención, y aún ahora, puede recibir la promesa de ella, por medio de la sanidad divina. Es Jesús quien sana, Jesús quien unge (1 Juan 2:20) y quien bautiza con el Espíritu Santo (Juan 1:33). Jesús, que bautizó a Sus discípulos con el mismo Espíritu, es el que nos envía el Espíritu Santo aquí en la tierra, ya sea para mantener la enfermedad lejos de nosotros, o para restaurarnos en la salud, cuando la enfermedad se ha apoderado de nosotros.

La sanidad divina acompaña a la santificación por el Espíritu (2 Tesalonicenses 2:13). Es para hacernos santos, que el Espíritu Santo nos hace partícipes de la redención de Cristo. De ahí, Su nombre *"Santo"*. Por lo tanto, la sanidad que Él obra, es una parte intrínseca de Su misión divina, y la otorga, ya sea para conducir al enfermo a convertirse y a creer

(Hechos 4:29-30; 5:12, 14; 6:7-8; 8:6-8), o para confirmar su fe; si ya se ha convertido, lo obliga así a renunciar al pecado y a consagrarse enteramente a Dios y a Su servicio (1 Corintios 10:31; Santiago 5:15-16; Hebreos 12:10).

La sanidad divina tiende a glorificar a Jesús. Es la voluntad de Dios que Su Hijo sea glorificado, y el Espíritu Santo lo hace (Juan 16:14), cuando viene a mostrarnos lo que la redención de Cristo hace por nosotros. La redención del cuerpo mortal (Romanos 8:23; Filipenses 3:21), parece casi más maravillosa que la del alma inmortal. De estas dos maneras, Dios quiere morar en nosotros a través de Cristo, y así triunfar sobre la carne.

Tan pronto como nuestro cuerpo se convierte en el templo de Dios por medio del Espíritu, Jesús es glorificado. La sanidad divina tiene lugar dondequiera que el Espíritu de Dios obre con poder. Pruebas de esto, se encuentran en las vidas de los Reformadores, y en las de ciertos moravos[10], en sus mejores tiempos. Pero hay otras promesas que forman parte también del derramamiento del Espíritu Santo, que no han sido cumplidas hasta ahora. Vivamos en una santa expectativa, rogando al Señor que las cumpla en nosotros.

---

[10] Una alusión al avivamiento moravo de Herrnhut, Alemania, en 1727; bajo la influencia del conde Nikolaus Ludwig von Zinzendorf und Pottendorf (1700—1760).

Capítulo 15: La oración perseverante

"También les refirió Jesús una parábola sobre la necesidad de orar siempre, y no desmayar, diciendo: Había en una ciudad un juez, que ni temía a Dios, ni respetaba a hombre. Había también en aquella ciudad una viuda, la cual venía a él, diciendo: Hazme justicia de mi adversario. Y él no quiso por algún tiempo; pero después de esto dijo dentro de sí: Aunque ni temo a Dios, ni tengo respeto a hombre, sin embargo, porque esta viuda me es molesta, le haré justicia, no sea que, viniendo de continuo, me agote la paciencia. Y dijo el Señor: Oíd lo que dijo el juez injusto. ¿Y acaso Dios no hará justicia a Sus escogidos, que claman a Él día y noche? ¿Se tardará en responderles? Os digo que pronto les hará justicia. Pero cuando venga el Hijo del Hombre, ¿hallará fe en la tierra?" (Lucas 18:1-8).

La necesidad de orar con perseverancia, es el secreto de toda la vida espiritual. ¡Qué bendición poder pedir al Señor tal o cual gracia hasta que nos la conceda, sabiendo con certeza, que es Su voluntad responder a la oración; pero qué misterio para nosotros en el llamado a perseverar en la oración, a llamar con fe a Su puerta (Lucas 18:1-8), a recordarle Sus promesas (Isaías 46:23), y a hacerlo sin cansarse, hasta que se levante y nos conceda nuestra petición!

¿No existe acaso la certeza, que nuestra oración puede obtener del Señor, lo que, de otro modo, no daría la prueba suficiente de que el hombre ha sido creado a imagen de Dios (Génesis 1:26), que es Su amigo, que es Su colaborador; y que los creyentes, que juntos forman el Cuerpo de Cristo, participan de esta manera en Su obra de intercesión? Es a la intercesión de Cristo, a la que el Padre responde, y a la que concede Sus favores divinos.

Más de una vez, la Biblia nos explica la necesidad de una oración perseverante. Hay muchos motivos, el principal de los cuales, es la justicia de Dios. Dios ha declarado que el pecado debe cargar con sus consecuencias (Romanos 6:23); el pecado, por lo tanto, tiene derechos sobre un mundo que lo acoge y que permanece esclavizado por él (Juan 8:34). Cuando el hijo de Dios trata de abandonar este orden de cosas, es necesario que la justicia de Dios lo consienta; por lo tanto, se necesita tiempo, para que los privilegios que Cristo ha procurado a los creyentes, pesen ante el tribunal de Dios.

Además de esto, la oposición de Satanás, que siempre busca impedir la respuesta a la oración, es una razón para ello (Daniel 10:12-13). El único medio por el cual este enemigo invisible puede ser conquistado, *es la fe.* Parándose firmemente en las promesas de Dios, la fe se niega a ceder, y continúa orando y esperando la respuesta, incluso cuando se retrasa, sabiendo que la victoria es segura (Efesios 6:12-18).

Finalmente, la perseverancia en la oración es necesaria, por causa de nosotros mismos. El retraso en la respuesta tiene como objetivo probar y fortalecer nuestra fe; debe desarrollar en nosotros, la firme voluntad que ya no dejará de *lado las promesas* de Dios; sino que renuncia a su propio *lado de las cosas,* para confiar sólo en Dios. Es entonces cuando Dios, viendo nuestra fe, nos encuentra listos para recibir Su favor, y nos lo concede. Él hará justicia prontamente, aunque se demore. ¡Sí!, a pesar de todos los retrasos necesarios, no nos hará esperar ni un momento más. Si clamamos a Él día y noche, Él nos hará justicia prontamente.

Esta perseverancia en la oración será fácil para nosotros, tan pronto como entendamos lo que es la fe. Jesús nos enseña con estas palabras: "*Y todo lo que pidiereis en oración, creyendo, lo recibiréis*" (Mateo 21:22). Cuando la Palabra de Dios nos autoriza a pedir cualquier cosa, debemos creer de inmediato que la recibiremos. Dios nos la da; esto lo sabemos por la fe, y podemos decir entre Dios y nosotros, que la hemos recibido; aunque puede ser que sólo más tarde, se nos permita gozar de sus efectos aquí en la tierra.

Es antes de haber visto o experimentado cualquier cosa, que la fe se regocija de haberlo recibido, persevera en la oración, y espera hasta que la respuesta se manifiesta. Pero incluso después de haber creído que somos escuchados, es bueno perseverar hasta que se ha convertido en un hecho consumado. Esto es de gran importancia, para obtener la sanidad divina. A veces, es cierto, la sanidad es inmediata y completa; pero puede suceder que tengamos que esperar, incluso cuando un enfermo ha podido pedirla con mucha fe.

A veces también los primeros síntomas de la sanidad se manifiestan inmediatamente; pero después el progreso es lento, y se interrumpe por momentos, o en algunas ocasiones el mal regresa. En estos casos, es importante que tanto el enfermo, como los que oran con él, crean en la eficacia de la oración perseverante, aunque no comprendan el misterio de la misma. Lo que Dios parece en un principio rechazar, lo concede luego a la oración de la cananea, a la oración de la "viuda", a la del amigo que llama a la puerta a medianoche (Mateo 15:22; Lucas 18:3; 11:5).

Sin considerar ni el cambio ni la respuesta, la fe que se basa en la Palabra de Dios, y que continúa orando con importunidad, termina obteniendo la victoria. "*¿Y acaso Dios no hará justicia a Sus escogidos, que claman a Él día y noche? ¿Se tardará en responderles? Os digo que pronto les hará justicia*". Dios sabe cómo retrasar todo el tiempo que sea necesario; y, sin embargo, actuar rápidamente, sin esperar más de lo necesario. Las mismas dos cosas, deben pertenecer a nuestra fe.

Aferrémonos con santa prontitud a la gracia que se nos promete, como si ya la hubiésemos recibido; esperemos con paciencia incansable la respuesta que tarda en llegar. Tal fe pertenece a la vida que es *en* Él. Es para producir en nosotros esta fe, que se nos envía la enfermedad, y que se nos concede la sanidad, porque tal fe glorifica sobre todo a Dios.

Capítulo 16: Que el que sea sanado, glorifique a Dios

"Oyéndolo Jesús, dijo: Esta enfermedad no es para muerte, sino para la gloria de Dios, para que el Hijo de Dios sea glorificado por ella" (Juan 11:4).

Es una idea muy extendida, que la piedad es más fácil en la enfermedad que en la salud; que el silencio y el sufrimiento, inclinan al alma a buscar al Señor y a entrar en comunión con Él, mejor que las distracciones de la vida activa; que, de hecho, la enfermedad nos arroja más sobre Dios. Por estas razones, los enfermos dudan en pedir la sanidad al Señor; porque se dicen a sí mismos: "¿Cómo podemos saber si la enfermedad no es mejor para nosotros que la salud?".

Pensar así, es ignorar que la sanidad y sus frutos son divinos. Intentemos comprender que, aunque una sanidad por medios ordinarios, puede a veces correr el riesgo de hacer que Dios relaje Su mano; la sanidad divina, por el contrario, nos une más estrechamente a Él. Así sucede que, en nuestros días, como en los tiempos del primer ministerio de Jesucristo, el creyente que ha sido sanado por Él, puede glorificarlo mucho mejor, que el que permanece enfermo. La enfermedad sólo puede glorificar a Dios, en la medida en que da ocasión de manifestar Su poder (Juan 9:3; 11:4).

El enfermo que se deja llevar por sus sufrimientos, para dar la gloria a Dios, lo hace, por así decirlo, por obligación. Si tuviera salud y libertad para elegir, es muy posible que su corazón se volviera al mundo. En tal caso, el Señor debe mantenerlo a un lado; su piedad depende de su condición de enfermo. Por eso el mundo, supone que la religión no es eficaz en ningún sitio, excepto en las habitaciones de los enfermos o en los lechos de muerte, y para los que no tienen necesidad de entrar en el ruido y en la agitación de la vida ordinaria.

Para que el mundo se convenza del poder de la religión en contra de la tentación, debe ver al creyente que goza de buena salud, caminar con calma y con santidad, incluso en medio del trabajo y de la vida activa. No cabe duda, de que muchos enfermos han glorificado a Dios con su paciencia en el sufrimiento, pero Él puede ser aún más glorificado, por una salud que Él ha santificado. Por qué entonces nos preguntan: "¿deben aquellos que han sido sanados en respuesta a la oración de fe, glorificar al Señor más, que aquellos que han sido sanados a través de los medicamentos terrenales?".

Aquí está la razón. La sanidad por medio de los medicamentos, nos muestra el poder de Dios en la naturaleza; pero no nos pone en contacto vivo y directo con Él; mientras que la sanidad divina, es un acto que procede de Dios, sin nada más que el Espíritu Santo. En este último, el contacto con Dios es lo esencial, y es por esta razón, que el examen de conciencia y la confesión de los pecados, debe ser preparatorio para ello (1 Corintios 11:30-32; Santiago 5:15-16). El que es sanado de esta manera, es llamado a consagrarse de nuevo y enteramente al Señor (1 Corintios 6:13, 19).

Todo esto depende del acto de fe que se aferra a la promesa del Señor, que se rinde a Él, y que no duda de que el Señor, toma posesión inmediatamente de lo que le está consagrado. Por eso, la continuidad de la salud recibida depende de la santidad de vida, y de la obediencia en buscar siempre, el buen placer del divino Sanador (Éxodo 15:26). La salud obtenida en tales condiciones, asegura las bendiciones espirituales. El mero restablecimiento de la salud por medios ordinarios, no lo hace. Cuando el Señor sana el cuerpo, es para que tome posesión de él y lo convierta en un templo en el que pueda morar. La alegría que entonces llena el alma, es indescriptible. No es sólo la alegría de ser sanado; sino que es el gozo mezclado con la humildad, y un entusiasmo santo, que reconoce el toque del Señor y que recibe una nueva vida de parte de Él.

En la exuberancia de su gozo, aquel que ha sido sanado, exalta al Señor, lo glorifica de palabra y de obra, y toda su vida está consagrada a su Dios. Es evidente que estos frutos de la sanidad, no son los mismos para todos, y que a veces se dan pasos atrás. La vida del sanado, se solidariza con la vida de los creyentes que le rodean. Sus dudas e inconsistencias, pueden hacer que sus pasos se tambaleen con el tiempo, aunque esto generalmente, resulta en un nuevo comienzo. Cada día descubre y reconoce de nuevo, que su vida es la del Señor; entra en una comunión más íntima y más gozosa con Él; aprende a vivir en dependencia habitual de Jesús, y recibe de Él la fuerza, que resulta de una consagración más completa.

¡Oh!, qué no será la Iglesia cuando viva en esta fe, cuando cada enfermo reconozca en la enfermedad un llamado a ser santo, y a esperar del Señor una manifestación de Su Presencia, cuando se multipliquen las sanidades, produciendo en cada uno, un testimonio del poder de Dios, todos dispuesto a clamar con el Salmista: "*Bendice, alma mía, a Jehová, Y no olvides ninguno de Sus beneficios. Él es quien perdona todas tus iniquidades, El que sana todas tus dolencias"* (Salmos 103:2-3).

Capítulo 17: La necesidad de una manifestación del poder de Dios

"Y ahora, Señor, mira sus amenazas, y concede a Tus siervos que con todo denuedo hablen Tu palabra, mientras extiendes Tu mano para que se hagan sanidades y señales y prodigios mediante el Nombre de Tu santo Hijo Jesús. Cuando hubieron orado, el lugar en que estaban congregados tembló; y todos fueron llenos del Espíritu Santo, y hablaban con denuedo la palabra de Dios"
(Hechos 4:29-31).

¿Es admisible orar de esta manera ahora, para pedirle al Señor: *"concede a tus siervos que con todo denuedo hablen Tu palabra, mientras extiendes Tu mano para que se hagan sanidades"*? Veamos esta pregunta. ¿No se encuentra la Palabra de Dios con tantas dificultades en nuestros días como entonces, y no son las necesidades de ahora igualmente apremiantes? Imaginemos a los apóstoles en medio de las gentes de Jerusalén y de su incredulidad; por un lado, los gobernantes del pueblo y sus amenazas; y por el otro, la multitud ciega, que se niega a creer en el Crucificado.

Ahora el mundo ya no es tan abiertamente hostil a la Iglesia, porque ha perdido el miedo a ella, pero sus palabras halagadoras son más temibles que su odio. El disimulo es a veces, peor que la violencia. ¿Y no es un cristianismo de mera forma, en el sueño de la indiferencia, tan inaccesible como un judaísmo abiertamente resistente? Los siervos de Dios necesitan, incluso en la actualidad, para que la Palabra sea predicada *con todo denuedo*, que el poder de Dios se manifieste evidentemente entre ellos.

¿No es la ayuda de Dios tan necesaria ahora como entonces? Los apóstoles sabían bien que no era la elocuencia de su predicación, lo que hacía triunfar la verdad; sino que sabían la necesidad, de que el Espíritu Santo manifestara Su Presencia por medio de milagros. Era necesario que el Dios viviente extendiera Su mano, para que hubiera sanidades, milagros y señales en el nombre de Su Santo Hijo Jesús. Sólo así, se regocijaban Sus siervos y, fortalecidos por Su Presencia, podían hablar Su palabra con valentía, y enseñar al mundo a temer Su nombre.

¿No nos conciernen también a nosotros las promesas divinas? Los apóstoles contaban con estas palabras del Señor, antes de que ascendiera: *"Y les dijo: Id por todo el mundo y predicad el evangelio a toda criatura… Y estas señales seguirán a los que creen: En Mi Nombre echarán fuera demonios; hablarán nuevas lenguas; tomarán en las manos serpientes, y si bebieren cosa mortífera, no les hará daño; sobre los enfermos pondrán sus manos, y sanarán"* (Marcos 16:15, 17-18).

Este encargo, indica la vocación divina de la Iglesia; la promesa que le sigue, nos muestra cuál es su armadura, y nos demuestra que el Señor actúa de acuerdo con ella. Fue porque los apóstoles contaban con esta promesa, que rogaron al Señor que les concediera esta prueba de Su Presencia. Habían sido llenos del Espíritu Santo el día de Pentecostés (Hechos 2:1-4), pero aún necesitaban las señales sobrenaturales que Su poder obra.

La misma promesa es para nosotros (Hechos 2:39), porque el mandato de predicar el Evangelio, no puede ser separado de la promesa de la sanidad divina, con la que está acompañado.

No se encuentra en ninguna parte de la Biblia, que esta promesa no fuera para tiempos futuros. En todas las épocas, el pueblo de Dios necesita saber que el Señor está con ellos, y poseer la prueba irrefutable de ello. Por lo tanto, esta promesa es para nosotros; oremos por su cumplimiento.

¿Debemos contar con la misma gracia? Leemos en el libro de los Hechos, que cuando los apóstoles oraron: "*Cuando hubieron orado, el lugar en que estaban congregados tembló; y todos fueron llenos del Espíritu Santo, y hablaban con denuedo la palabra de Dios*". "*Y por la mano de los apóstoles se hacían muchas señales y prodigios en el pueblo; y estaban todos unánimes en el pórtico de Salomón. De los demás, ninguno se atrevía a juntarse con ellos; más el pueblo los alababa grandemente. Y los que creían en el Señor aumentaban más, gran número así de hombres como de mujeres; tanto que sacaban los enfermos a las calles, y los ponían en camas y lechos, para que, al pasar Pedro, a lo menos su sombra cayese sobre alguno de ellos*" (Hechos 4:31; 5:12-15).

¡Oh, qué alegría y qué nueva fuerza recibiría el pueblo de Dios hoy, si el Señor extendiera de nuevo Su mano! ¡Cuántos obreros cansados y desanimados se lamentan de no ver más resultados, más bendiciones en sus ministerios! ¡Qué vida vendría a su fe, si señales de este tipo, se levantarán para probarles que Dios está con ellos! Muchos que son indiferentes, se verían inducidos a reflexionar, más de un incrédulo recobraría la confianza, y todos los incrédulos se verían reducidos al silencio. ¡Y los pobres paganos! ¡Cómo se despertarían (Efesios 5:14) si viera por los hechos, lo que las palabras no les han permitido entender, si se viera obligado a reconocer que el Dios del cristiano, es el Dios vivo que hace maravillas, el Dios de amor que bendice!

¡Despierta, despierta, vístete de poder Iglesia de Cristo! Aunque hayas perdido por tu infidelidad la alegría de ver, aliada a la predicación de la Palabra, la mano del Señor extendida para sanar, el Señor está dispuesto a concederte de nuevo esta gracia. Reconoce que es tu propia incredulidad, la que te ha privado de ella durante tanto tiempo, y clama por el perdón. Vístete con la fuerza de la oración. "*Despiértate, despiértate, vístete de poder, oh brazo de Jehová; despiértate como en el tiempo antiguo, en los siglos pasados*" (Isaías 51:9).

Capítulo 18: Pecado y enfermedad

"Y la oración de fe salvará al enfermo, y el Señor lo levantará; y si hubiere cometido pecados, le serán perdonados. Confesaos vuestras ofensas unos a otros, y orad unos por otros, para que seáis sanados. La oración eficaz del justo puede mucho" (Santiago 5:15-16).

Aquí, como en otras Escrituras, el perdón de los pecados y la sanidad de las enfermedades, están estrechamente unidos. Santiago declara que el perdón de los pecados, será concedido con la sanidad; y por esta razón, desea que la confesión de los pecados, acompañe a la oración que reclama la sanidad. Sabemos que la confesión de los pecados, es indispensable para obtener de Dios el perdón de los pecados; no lo es menos para obtener la sanidad. El pecado no confesado, presenta un obstáculo para la oración de fe; en cualquier caso, la enfermedad puede reaparecer pronto, y por causa de esta razón.

El primer cuidado de un médico, cuando es llamado a tratar a un paciente, es diagnosticar la causa de la enfermedad. Si lo logra, tiene más posibilidades de combatirla. Nuestro Dios también se vuelve a la causa principal de toda enfermedad, es decir, al pecado. Es nuestra parte confesar, y la de Dios, conceder el perdón que elimina esta primera causa, para que la sanidad pueda tener lugar. Al buscar la sanidad por medio de los medicamentos terrenales, lo primero que hay que hacer, es encontrar un médico inteligente; y luego, seguir exactamente sus prescripciones; pero al recurrir a la oración de fe, es necesario fijar nuestros ojos, sobre todo, en el Señor (Hebreos 12:2), y examinar cómo estamos delante de Él (2 Corintios 13:5).

Por lo tanto, Santiago nos señala una condición, que es esencial para la restauración de nuestra salud; es decir, que confesemos y abandonemos el pecado. La enfermedad es una consecuencia del pecado. Es por el pecado que Dios la permite; es para mostrarnos nuestras faltas, para disciplinarnos y para purificarnos de ellas. La enfermedad es, por lo tanto, un signo visible del juicio de Dios sobre el pecado. No es que el que está enfermo sea necesariamente más pecador que otro que esté sano. Al contrario, es a menudo el más santo entre los hijos de Dios a quien se castiga, como vemos en el ejemplo de Job. Tampoco se trata siempre de comprobar alguna falta, que podamos determinar fácilmente: es sobre todo para llamar la atención del enfermo, sobre lo que le queda de su 'yo', del viejo hombre, y de todo lo que le impide una vida enteramente consagrada a su Dios.

El primer paso que el enfermo debe dar en el camino de la sanidad divina, será, por lo tanto, dejar que el Espíritu Santo de Dios escudriñe su corazón y lo convenza de pecado (Juan 16:8). Después vendrá también, la humillación, la decisión de romper con el pecado, y la confesión. Confesar nuestros pecados, es ponerlos ante Dios como en el caso de Acán (Josué 7:23), someterlos a Su juicio, con el propósito fijo, de no caer más en ellos. Una confesión sincera, será seguida por una nueva garantía de perdón: *"Si hubiere cometido pecados, le serán perdonados"*.

Cuando hayamos confesado nuestros pecados, debemos recibir también el perdón prometido, creyendo que Dios lo da por hecho. La fe en el perdón de Dios, es a menudo vaga en el hijo de Dios. O bien no está seguro, o bien vuelve a las viejas impresiones, al momento en que recibió el perdón por primera vez; pero el perdón que ahora recibe con confianza, en respuesta a la oración de fe, le traerá nueva vida y nueva fortaleza. El alma descansa entonces, bajo la eficacia de la sangre de Cristo, recibe del Espíritu Santo la certeza del perdón del pecado, y que, por lo tanto, nada queda para impedir que el Salvador lo llene de Su amor y de Su gracia.

El perdón de Dios trae consigo, una vida divina que actúa poderosamente sobre quien la recibe. Cuando el alma ha consentido en hacer una confesión sincera y ha obtenido el perdón, está lista para asirse a la promesa de Dios; ya no es difícil creer que el Señor levantará al enfermo. Es cuando nos mantenemos lejos de Dios, que es difícil creer; la confesión y el perdón nos acercan bastante a Él. Tan pronto como la causa de la enfermedad haya sido eliminada, la enfermedad misma puede ser detenida.

Ahora bien, es fácil para el enfermo creer que, si el Señor sometió necesariamente el cuerpo al castigo por los pecados cometidos, también quiere que, perdonado el pecado, este mismo cuerpo reciba la gracia que manifiesta Su amor. Su Presencia se revela, un rayo de vida de Su vida divina viene a dar vida al cuerpo, y el enfermo, prueba que tan pronto como ya no está separado del Señor, la oración de fe salva al enfermo.

Capítulo 19: Jesús cargó con nuestras enfermedades

"Ciertamente llevó Él nuestras enfermedades, y sufrió nuestros dolores; y nosotros le tuvimos por azotado, por herido de Dios y abatido… Verá el fruto de la aflicción de Su alma, y quedará satisfecho; por Su conocimiento justificará Mi Siervo justo a muchos, y llevará las iniquidades de ellos. Por tanto, Yo le daré parte con los grandes, y con los fuertes repartirá despojos; por cuanto derramó Su vida hasta la muerte, y fue contado con los pecadores, habiendo Él llevado el pecado de muchos, y orado por los transgresores" (Isaías 53:4, 11-12).

¿Conoces este hermoso capítulo, el cincuenta y tres de Isaías, que ha sido llamado el quinto Evangelio? A la luz del Espíritu de Dios, Isaías describe de antemano los sufrimientos del Cordero de Dios (Juan 1:29), así como las gracias divinas que resultarían de ello.

La expresión *"cargó"*[11], no podía sino aparecer en esta profecía. En efecto, es la palabra que debe acompañar la mención del pecado, ya sea como cometido directamente por el pecador, o como transmitido a un sustituto. El transgresor, el sacerdote y la víctima expiatoria, deben cargar con el pecado. De la misma manera, es porque el Cordero de Dios ha

[11] Murray hace alusión aquí, al verbo hebreo *nāšā'*, que puede significar: "alzar, levantar, elevar, cargar". Nuestra versión clásica Reina-Valera Revisión 1960, lo traduce como: *"llevó"*. Mientras que la Biblia Textual 3° Edición, lo traduce como: *"cargó"*; la cual ciertamente, es la traducción más apropiada, dado el contexto teológico del pasaje. Vale aclarar, que en Isaías 53, aparece únicamente en los versículos 4 y 12.

cargado con nuestros pecados, que Dios lo golpeó por la iniquidad de todos nosotros.

El pecado no se encontró en Él, sino que fue puesto sobre Él; lo tomó voluntariamente sobre Sí (Levítico 16:22). Y es porque Él lo llevó, y al llevarlo le puso fin, que tiene el poder para salvarnos. *"Mi siervo justo a muchos, y llevará las iniquidades de ellos. Por tanto, Yo le daré parte con los grandes, y con los fuertes repartirá despojos; por cuanto derramó Su vida hasta la muerte, y fue contado con los pecadores, habiendo Él llevado el pecado de muchos, y orado por los transgresores"* (Isaías 53:11-12).

Es, pues, porque nuestros pecados han sido llevados por Jesucristo, que somos librados de ellos, tan pronto como creemos esta verdad; por consiguiente, no necesitamos llevarlos más nosotros mismos. En este mismo capítulo (Isaías 53), la expresión *"cargó"*, aparece en dos ocasiones, pero en relación con dos cosas diferentes (cf. Isaías 53:4, 6, 12; BTX3).

Se dice no sólo que el Siervo justo del Señor ha cargado con nuestros pecados (versículo 12); sino también, que ha cargado con nuestras enfermedades (versículo 4). Por lo tanto, el hecho de que haya soportado nuestras enfermedades, forma parte integral de la obra del Redentor; así como el hecho, de que haya soportado nuestros pecados. Aunque Él mismo es sin pecado (Hebreos 4:15), ha llevado nuestros pecados, y ha hecho lo mismo por nuestras enfermedades. La naturaleza humana de Jesús, no pudo ser tocada por la enfermedad, porque permaneció santa. Nunca encontramos en el relato de Su vida, ninguna mención a la enfermedad.

Habiendo participando de todas las debilidades de nuestra naturaleza humana, como el hambre, la sed, la fatiga y el sueño; porque todas estas cosas no son consecuencia del pecado; sin embargo, pese a todo esto, Él no tuvo ningún rastro de enfermedad. Como no tenía pecado, la enfermedad no le afectaba, y sólo podía morir de forma violenta y con Su consentimiento voluntario. Así pues, no es *en* Él[12], sino *con* Él[13], que vemos la enfermedad y el pecado; Él los tomó sobre Sí, y los llevó por Su propia voluntad.

Al cargarlas y tomarlas sobre Él, ha triunfado sobre ellas, y ha adquirido el derecho de liberar a Sus hijos de ellas (Hebreos 2:13). El pecado ha atacado y arruinado por igual el alma y el cuerpo. Jesús vino a salvar a ambos. Habiendo tomado sobre Él, tanto la enfermedad como el pecado, está en posición de liberarnos, tanto de uno como del otro, y para que pueda lograr esta doble liberación, sólo espera de nosotros una cosa: *nuestra fe.*

Tan pronto como un creyente enfermo entiende el significado de las palabras: "Jesús ha cargado con mis pecados", no teme decir también: "Ya no tengo que cargar con mis pecados, ya no están sobre mí". De la misma manera, tan pronto como haya asumido y creído por sí mismo, que Jesús ha llevado nuestras enfermedades, no teme decir: "Ya no tengo que cargar con mi enfermedad; Jesús, al cargar con el pecado, también cargó con la enfermedad, la cual es su consecuencia; porque de ambas, ha hecho la propiciación, y me libera de ambas".

---

[12] Es decir, *dentro de* Su persona sin pecado.

[13] Es decir, *junto a* o *sobre* Él, al conferirle nuestras debilidades.

Yo mismo he sido testigo de la bendita influencia, que esta verdad ejerció un día sobre una mujer enferma. Durante siete años, ella había estado casi continuamente en cama. Sufriendo de tuberculosis, epilepsia y otras enfermedades, se le había asegurado que no quedaba ninguna esperanza de sanidad para ella. Fue llevada al local de reuniones, donde el difunto señor W. E. Boardman[14], celebraba un servicio vespertino de

---

[14] William Edwin Boardman (1810–1886), fue un pastor y maestro estadounidense, y autor en 1858 de *The Higher Christian Life* [La Vida Cristiana Superior], un libro que tuvo un gran éxito internacional y ayudó a encender el movimiento de la *Higher Life* [de la Vida Superior]. La obra de Boardman atrajo la atención internacional, especialmente en Inglaterra, donde Boardman ejerció una gran influencia durante 1873–1874. Boardman durante su juventud, tuvo una formación religiosa y conoció el Evangelio de Cristo. Se casó con Mary Adams en 1837, y ella hizo que acercaran más a Dios en su matrimonio. En 1858, publicó la primera edición de *The Higher Christian Life*. Elizabeth Baxter (1837–1926), informó que su lectura del libro de Boardman: "El gozo en Jesús" en 1873, la había hecho reevaluar sus creencias y confiar más en Dios. Baxter iba a fundar la misión Bethshan, que fue la base para su obra de la sanidad mediante la oración. Ella diría que Boardman fue el fundador de la misión, pero otros ven a Baxter, como el espíritu impulsador de la misma. Dwight L. Moody (1837–1899) e Ira D. Sankey (1840–1908), dirigieron campañas de evangelización, y Boardman habló en toda Inglaterra sobre la santidad y la vida superior. Esto llevó al establecimiento de la Convención de Keswick [Para más detalles sobre esta Convención, léase el libro de Andrew Murray, *El Espíritu de Cristo*, que solo encontrará en Amazon]. Boardman también llegó a ser un líder en el ministerio de la sanidad espiritual del siglo XIX, e inspiró el Hogar de Sanación Bethshan en Londres. Se unió al pastor canadiense, Albert B. Simpson (1843–1919), fundador de la Alianza Cristiana y Misionera, en la Conferencia Bethshan sobre Santidad y Sanidad de 1885 en Londres. Esta conferencia es considerada por muchos, como un punto de inflexión en los orígenes del movimiento pentecostal moderno. Su ministerio continuaría

domingo para los enfermos, y fue colocada en el sofá en condiciones de medio desmayo.

Estaba muy poco consciente, para recordar lo que había pasado, hasta que oyó las palabras: *"El mismo tomó nuestras enfermedades, y llevó nuestras dolencias"* (Mateo 8:17), y luego pareció oír las palabras: "Si Él ha llevado tus enfermedades, ¿por qué las llevas tú misma? ¡Levántate!". Pero ella pensó: "si intento levantarme y caigo al suelo, ¿qué pensarán de mí?". Pero la voz interior le dijo de nuevo: "Si Él ha cargado con tus pecados, ¿por qué tengo que cargar con ellos?". Para asombro de todos los presentes, se levantó y, aunque todavía débil, se sentó en una silla junto a la mesa.

Desde ese momento, su sanidad progresó rápidamente. Al cabo de unas semanas, ya no tenía el aspecto de una inválida, y más tarde, su fuerza era tal, que podía pasar muchas horas al día visitando a los pobres. Con qué alegría y con qué amor, podía entonces hablar de Aquel que era *"la fortaleza de su vida"* (Salmos 27:1). Ella había creído que Jesús había cargado con sus enfermedades, así como con sus pecados, y su fe, no fue puesta en confusión. Así es como Jesús se revela, como un perfecto Salvador para todos aquellos que confían sin reservas en Él.

---

hasta su muerte, el 4 de febrero de 1886 en Londres. La misión Bethshan continuó, y Baxter visitó la misión en India dos veces, después de la muerte de Boardman.

Capítulo 20: ¿Es la enfermedad un castigo?

"Por lo cual hay muchos enfermos y debilitados entre vosotros, y muchos duermen. Si, pues, nos examinásemos a nosotros mismos, no seríamos juzgados; más siendo juzgados, somos castigados por el Señor, para que no seamos condenados con el mundo"
(1 Corintios 11:30-32).

Al escribir a los Corintios, el Apóstol Pablo debe reprobarles por la manera en que observaron la Cena del Señor, atrayendo sobre sí mismos, los castigos de Dios. Aquí, por lo tanto, vemos la enfermedad como un juicio de Dios, como un castigo por el pecado. Pablo lo ve como un verdadero castigo, ya que después dice: *"somos castigados por el Señor"*; y añade aún, que es para impedir que caigan aún más profundamente en el pecado, para evitar que sean *"condenados con el mundo"*; es por tal razón, que están así afligidos.

Les advierte que, si no son juzgados ni castigados por el Señor, que, si al examinarse a sí mismo descubren la causa de la enfermedad y condenan sus pecados, el Señor ya no tendrá por qué ejercer Su juicio. ¿No es evidente que aquí, la enfermedad es un juicio de Dios, un castigo del pecado, y que podemos evitarlo al examinarnos y al condenarnos a nosotros mismos? Sí, la enfermedad es, más a menudo de lo que creemos, un juicio, un castigo por el pecado. Dios *"no aflige ni entristece voluntariamente a los hijos de los hombres"* (Lamentaciones 3:33).

No es sin una causa, que Él nos priva de la salud. Tal vez sea para hacernos atentos a algún pecado, que podamos reconocer: *"no peques más, para que no te venga alguna cosa peor"*

(Juan 5:14); quizás porque el hijo de Dios se ha enredado en el orgullo y en la mundanalidad; o puede ser que, la confianza en sí mismo o el capricho, se hayan mezclado con su servicio a Dios. También es muy posible que, el castigo no esté dirigido contra ningún pecado en particular; sino que sea el resultado de la preponderancia del pecado, que pesa sobre toda la raza humana.

Cuando en Juan 9:2-3, en el caso del hombre que nació ciego, los discípulos preguntaron al Señor: "*¿quién pecó, éste o sus padres, para que haya nacido ciego?*", Él respondió: "*No es que pecó éste, ni sus padres, sino para que las obras de Dios se manifiesten en él*"; el Señor no dijo, que de ninguna manera no hay relación entre el pecado y la enfermedad; pero nos enseña a no acusar de pecado a cada enfermo. En cualquier caso, la enfermedad es siempre una disciplina, que debe despertar nuestra atención al pecado, y alejarnos de él. Por lo tanto, un enfermo debe comenzar por condenarse, o por discernirse a sí mismo (1 Corintios 11:31), poniéndose ante su Padre celestial, con un sincero deseo de ver cualquier cosa que pudiera haberlo afligido, o que pudiera haber hecho necesario el castigo.

Así puede contar con la luz del Espíritu Santo, que le mostrará claramente su fracaso. Para que esté dispuesto a renunciar inmediatamente a lo que pueda discernir, y a ponerse a disposición del Señor, para servirle con perfecta obediencia; pero que no imagine, que puede vencer el pecado por sus propios medios. No, eso es imposible para él. En cambio, con todo su poder de voluntad, es importante que esté del lado de Dios, renunciando a lo que es pecaminoso a Su vista, y que crea que es aceptado por Él.

De esta manera se entregará, se consagrará de nuevo a Dios, dispuesto a hacer sólo Su santa voluntad en todas las cosas. La Escritura nos asegura que, si nos examinamos así, el Señor no nos juzgará. Nuestro Padre sólo castiga a Su hijo, en la medida de lo necesario. Dios busca liberarnos del pecado y del 'yo'; tan pronto como lo entendamos y rompamos con estos, la enfermedad puede cesar; ya ha hecho su trabajo. Debemos llegar a ver lo que significa la enfermedad, y reconocer en ella, la disciplina de Dios.

Usted puede reconocer vagamente, que comete pecados sin intentar definirlos; o si lo hace, puede no creer que sea posible renunciar a ellos; y si decide renunciar a ellos, puede no contar con que Dios pondrá fin al castigo. Y, sin embargo, ¡cuán gloriosa es la seguridad que nos dan las palabras de Pablo aquí! Querido enfermo, ¿entiendes que tu Padre celestial tiene algo que reprobar en ti? Él quiere que tu enfermedad te ayude a descubrirla, y el Espíritu Santo te guiará en la búsqueda. Entonces renuncia de inmediato a lo que Él te pueda indicar. No quieres que quede la más mínima sombra, entre tu Padre y tú.

Es Su voluntad perdonar tu pecado y sanar tu enfermedad. En Jesús tenemos tanto el perdón como la sanidad; son las dos caras de Su obra redentora. Te llama a vivir una vida de dependencia *en* Él, en mayor grado que hasta ahora. Abandónate entonces a Él, en una completa obediencia, y camina de ahora en adelante, como un niño pequeño, siguiendo Sus pasos. Es con gozo que tu Padre celestial te librará del castigo, que se revelará a ti como tu Sanador, que te acercará a Él por este nuevo vínculo de Su amor, que te hará obediente y fiel en Su servicio. Si como Padre Sabio y Fiel, se ha visto obligado a castigarte, es también como Padre, que quiere tu sanidad, y que desea bendecirte y guardarte de ahora en adelante.

Capítulo 21: La receta de Dios para los enfermos

"¿Está alguno enfermo entre vosotros? Llame a los ancianos de la iglesia, y oren por él, ungiéndole con aceite en el nombre del Señor. Y la oración de fe salvará al enfermo, y el Señor lo levantará; y si hubiere cometido pecados, le serán perdonados" (Santiago 5:14-15).

Este texto, por encima de todos los demás, es el que declara más claramente a los enfermos, lo que tienen que hacer para ser sanados. La enfermedad y sus consecuencias abundan en el mundo. ¡Qué alegría entonces, para el creyente, aprender de la Palabra de Dios, el camino de la sanidad para los enfermos!

La Biblia nos enseña, que es la voluntad de Dios ver a Sus hijos con buena salud. El Apóstol Santiago, no duda en decir que: *"la oración de fe salvará al enfermo, y el Señor lo levantará"*. ¡Que el Señor nos enseñe a escuchar y a recibir con sencillez, lo que Su Palabra nos dice! Noten, primero, que Santiago aquí, hace una distinción entre aflicción (o sufrimiento) y enfermedad. Él dice (versículo 13): *"¿Está alguno entre vosotros afligido? Haga oración"*. No especifica lo que se debe pedir en tal caso, y menos aún dice, que se pida por la liberación del sufrimiento. ¡No!; el sufrimiento que puede surgir de diversas causas exteriores, es la porción de todo cristiano (cf. Romanos 8:28).

Entendamos pues, que el objeto de Santiago, es inducir al creyente que se encuentra bajo la prueba, a pedir la liberación, sólo con un espíritu de sumisión a la voluntad de Dios; y, sobre todo, a pedir la paciencia, que Santiago considera un privilegio del creyente (Santiago 1:2-4, 12; 5:7-8). Pero al tratar con las palabras: "*¿Está alguno enfermo entre vosotros?*". Santiago responde de otra manera. Ahora dice con seguridad, que el enfermo puede pedir la sanidad, con la confianza de que la obtendrá, y que el Señor le escuchará.

Por lo tanto, hay una gran diferencia entre el sufrimiento y la enfermedad. El Señor Jesús habló del sufrimiento como algo necesario, como algo deseado y bendecido por Dios; mientras que dice acerca de la enfermedad, que debe ser sanada. Todos los demás sufrimientos nos vienen de fuera, y sólo cesarán cuando Jesús triunfe sobre el pecado y el mal que hay en el mundo; mientras que la enfermedad, es un mal en el propio cuerpo, en este cuerpo salvado por Cristo, para que se convierta en templo del Espíritu Santo; y que, por consiguiente, debe ser sanado tan pronto como el creyente enfermo, reciba por medio la fe, la obra del Espíritu Santo, es decir, la vida misma de Jesús en él.

¿Cuál es la recomendación que se da aquí a los enfermos? Que llame a los ancianos de la iglesia, y que los ancianos oren por él. En tiempos de Santiago había médicos, pero no es a ellos a quienes el creyente enfermo debe acudir. Los ancianos eran entonces, los pastores y líderes de las iglesias locales, llamados al ministerio, no porque hubieran pasado por escuelas de teología, sino porque estaban llenos del Espíritu Santo, y porque eran bien conocidos por su piedad y por su fe. ¿Por qué su presencia debería ser necesaria para el enfermo? ¿No podrían haber orado sus amigos? ¡Sí!; pero no es tan fácil para todos ejercitar la fe que obtiene la sanidad; y, sin duda, esa es una de las razones por las que Santiago, deseaba que se llamaran a hombres cuya fe fuera firme y segura. Además de esto, eran los representantes del enfermo en la Iglesia, el

Cuerpo colectivo de Cristo, ya que es la comunión de los creyentes, la que invita al Espíritu a actuar con poder (Véase Salmos 133:1-3).

En resumen, deben, los ancianos, según el modelo del gran Pastor de las ovejas (Hebreos 13:20), cuidar del rebaño como Él lo hace, identificarse con el enfermo, comprender su problema, recibir de Dios el discernimiento necesario, para instruirlo y para animarlo a perseverar en la fe. Es, pues, a los ancianos de la Iglesia, a quienes se encomienda la sanidad de los enfermos; y son ellos, los siervos de Dios, que perdonan las iniquidades y que sanaran las enfermedades (Salmos 103), los llamados a transmitir a los demás, las gracias del Señor para el alma y para el cuerpo.

Finalmente, hay una promesa aún más directa: *la de la sanidad;* el apóstol habla de ella, como la consecuencia segura de la oración de fe. "*La oración de fe salvará al enfermo, y el Señor lo levantará*". Esta promesa, debe estimular en cada creyente el deseo y la expectativa de la sanidad. Recibiendo estas palabras con sencillez, y tal como están escritas, ¿no deberíamos ver en ellas una promesa ilimitada, ofreciendo la sanidad a quienquiera que ore con fe? ¡El Señor nos enseña a estudiar Su Palabra, con la fe de un corazón verdaderamente creyente!

Capítulo 22: Jehová tu sanador

"Y dijo: Si oyeres atentamente la voz de Jehová tu Dios, e hicieres lo recto delante de Sus ojos, y dieres oído a Sus mandamientos, y guardares todos Sus estatutos, ninguna enfermedad de las que envié a los egipcios te enviaré a ti; porque Yo soy Jehová tu sanador" (Éxodo 15:26).

¡Cuántas veces hemos leído estas palabras, sin atrevernos a tomarlas para nosotros, y sin esperar que el Señor nos las cumpla! ¡Hemos visto en ellas, que el pueblo de Dios debía estar exento de las enfermedades infligidas a los egipcios, y hemos creído, que esta promesa sólo se aplicaba al Antiguo Testamento, y que nosotros, que vivimos bajo la *economía*[15] del Nuevo Testamento, no podemos esperar que se nos guarde o que se nos sane de la enfermedad, por la intervención directa del Señor!

---

[15] Un término bíblico y teológico, que se refiere no a *un plan* en singular, sino a *los planes* que Dios tiene para Sus hijos, en plural. Este término, ha sido transliterado del griego *oikonomian*. Se dice, asimismo, que este término griego fue acuñado por primera vez por Aristóteles (384 a.C.—322 a.C.), en alusión a la administración que un padre de familia ejercía dentro de su hogar, contemplando la organización de su casa o núcleo familiar, tanto en el aspecto de las finanzas, como en la educación, la vivienda, el vestuario, la alimentación, etc. En la Biblia, el término griego se traduce en nuestras versiones en español, como: *plan*, *dispensación*, *administración* o *mayordomía*; esto último, cuando hace referencia al hombre, y no a Dios (Véase, por ejemplo: Lucas 16:2-4; 1 Corintios 9:17; Efesios 1:10; 3:2, 9; Colosenses 1:25; 1 Timoteo 1:4). Sin embargo, reiteramos, que se trata de un conjunto de *planes* con un fin en común, pero no es un *plan* en singular. Esto es muy importante, por lo cual debería simplemente traducirse como *economía*; pero no en referencia a algo monetario, como se puede erróneamente entender.

Sin embargo, como estábamos obligados a reconocer la superioridad del Nuevo Pacto, hemos llegado, en nuestra ignorancia, a alegar que la enfermedad a menudo trae grandes bendiciones, y que en consecuencia, Dios había hecho bien en retirar lo que había prometido anteriormente, y en no ser más para nosotros, lo que era para Israel: "*Jehová tu sanador*"[16]. Pero en nuestros días, vemos a la Iglesia despertando, y reconociendo su error. Ella ve, que es bajo el Nuevo Pacto, que el Señor Jesús otorgó Su poder de sanidad a Sus discípulos. Ella está comenzando a ver, que al encargarle a Su Iglesia que predicase el Evangelio a toda criatura, Él ha prometido estar con ella: "*todos los días, hasta el fin del mundo*" (Mateo 28:20); y como prueba de Su Presencia, Sus discípulos deben tener el poder de imponer las manos sobre los enfermos, y estos, deben ser sanados (Marcos 16:15-18). Además, la Iglesia ve que, en los días siguientes a Pentecostés, el derramamiento milagroso del Espíritu Santo, fue acompañado de sanidades milagrosas, las cuales eran una prueba evidente, de las bendiciones producidas por el poder de lo alto (Hechos 3:16; 5:12; 9:40).

No hay nada en la Biblia que le haga creer, que la promesa hecha a Israel, se ha retraído desde entonces, y la Iglesia escucha de la boca del apóstol Santiago, esta nueva promesa: "*La oración de fe salvará* [o sanará] *a los enfermos*" (Santiago 5:15). Sabe que, en todo momento, ha sido la incredulidad la que ha limitado (o puesto límites) al Santo de Israel (Salmos 78:41), y se pregunta, si no es la incredulidad la que obstaculiza en estos días, esta manifestación del poder de Dios. ¿Quién puede dudar de ello? No es Dios ni Su Palabra,

---

[16] En hebreo es: *Yahweh râphah.*

los que tienen la culpa aquí; es nuestra incredulidad, la que impide el poder milagroso del Señor, y la que le impide sanar como en los tiempos pasados.

Que nuestra fe despierte, que reconozca y adore *en* Cristo, el poder Todopoderoso de Aquel que dice: *"Yo soy Jehová tu sanador"*. Es por las obras de Dios, que podemos entender mejor lo que Su Palabra nos dice; las sanidades que de nuevo responden a la oración de fe, lo confirman, ilustrando gloriosamente, la verdad de Su promesa. Aprendamos a ver en el Jesús resucitado, al divino Sanador, y recibámoslo como tal.

Para poder reconocer en Jesús mi justificación, mi fuerza y mi sabiduría, debo comprender por medio de la fe, que Él es realmente todo esto para mí; e igualmente, cuando la Biblia me dice, que Jesús es el Sanador soberano, debo apropiarme de esta verdad, y decir: "Sí, Señor, eres Tú quien eres mi Sanador". ¿Y por qué puedo considerarlo como tal? Es porque Él se entrega a mí, que soy *"una planta con Él"* (Romanos 6:5; versión francesa); y que, inseparablemente unido a Él, poseo así Su poder de sanidad; es porque Su amor se complace, en cargar en Su Amado con Sus favores, en comunicarse con todo Su corazón, a todos los que desean recibirlo.

Creamos que Él está listo para extender el tesoro de bendición, contenido en el nombre: *"Jehová tu sanador"*, a todos los que conocen y que pueden confiar en este nombre divino. Este es el tratamiento para los enfermos, indicado por la ley de Su reino. Cuando llevo mi enfermedad al Señor, no dependo de lo que veo, de lo que siento o de lo que pienso, sino de lo que Él dice.

Aunque todo parezca contrario a la sanidad esperada, aunque no se produzca en el momento, o de la manera que yo había pensado que debía recibirla, aunque los síntomas parezcan sólo agravarse, mi fe, fortalecida por la propia espera, debe aferrarse inamovible a esta palabra, que ha salido de la boca de Dios (cf. Mateo 4:4): *"Yo soy Jehová tu sanador"*.

Dios siempre busca hacernos verdaderos creyentes. La sanidad y la salud, son de poco valor si no glorifican a Dios, y sirven para unirnos más estrechamente con Él; por lo tanto, en el asunto de la sanidad, nuestra fe siempre debe ser puesta a prueba. El que cuenta con el nombre de su Dios, que puede oír a Jesús diciéndole: *"¿No te he dicho que, si crees, verás la gloria de Dios?"* (Juan 11:40), tendrá el gozo de recibir de Dios mismo, la sanidad del cuerpo, y de ver que se lleva a cabo de una manera digna de Dios, y conforme a Sus promesas. Cuando leemos estas palabras, *"Yo soy Jehová tu sanador"*, no temamos responder con entusiasmo: *"¡Sí, Señor! ¡Tú eres Jehová que me sana!"*.

Capítulo 23: Jesús sana a los enfermos

"Y cuando llegó la noche, trajeron a Él muchos endemoniados; y con la palabra echó fuera a los demonios, y sanó a todos los enfermos; para que se cumpliese lo dicho por el profeta Isaías, cuando dijo: Él mismo tomó nuestras enfermedades, y llevó nuestras dolencias" (Mateo 8:16-17).

En un capítulo anterior, hemos estudiado las palabras del profeta Isaías. Si el lector tiene todavía alguna duda sobre la interpretación que se ha hecho de ellas, le recordamos lo que el Espíritu Santo hizo con el evangelista Mateo, al inspirarlo para escribir sobre ellas. Se dice expresamente, con respecto a todos los enfermos, que Jesús sanó: *"para que se cumpliese lo dicho por el profeta Isaías"*. Fue porque Jesús había tomado sobre Sí nuestras enfermedades, que podía y debía sanarlas. Si no lo hubiera hecho, una parte de Su obra de redención, habría permanecido impotente e infructuosa.

Este texto de la Palabra de Dios, no se entiende generalmente de esta manera. Es la opinión generalmente aceptada, de que las sanidades milagrosas hechas por el Señor Jesús, deben ser vistas sólo como la prueba de Su misericordia, o como el símbolo de las gracias espirituales. No se ven como una consecuencia necesaria de la redención, aunque eso es lo que la Biblia declara. El cuerpo y el alma, han sido creados para servir juntos como una habitación para Dios; la condición enfermiza del cuerpo es, al igual que la del alma, una consecuencia del pecado, y eso es lo que Jesús vino a llevar sobre Sí, a expiar y a conquistar.

Cuando el Señor Jesús estuvo en la tierra, no fue en Su carácter de Hijo de Dios que sanó a los enfermos, sino como el Mediador (Hebreos 8:6; 9:15; 12:24) que había tomado sobre Sí, y llevado la enfermedad; y esto nos permite entender, por qué Jesús le dio tanto tiempo a Su obra de sanidad, y por qué también los evangelistas, hablan de ello de una manera tan detallada. Lean, por ejemplo, lo que dice Mateo al respecto: "*Y recorrió Jesús toda Galilea, enseñando en las sinagogas de ellos, y predicando el evangelio del reino, y sanando toda enfermedad y toda dolencia en el pueblo. Y se difundió Su fama por toda Siria; y le trajeron todos los que tenían dolencias, los afligidos por diversas enfermedades y tormentos, los endemoniados, lunáticos y paralíticos; y los sanó*" (Mateo 4:23-24). "*Recorría Jesús todas las ciudades y aldeas, enseñando en las sinagogas de ellos, y predicando el evangelio del reino, y sanando toda enfermedad y toda dolencia en el pueblo*" (Mateo 9:35). "*Entonces llamando a Sus doce discípulos, les dio autoridad sobre los espíritus inmundos, para que los echasen fuera, y para sanar toda enfermedad y toda dolencia*" (Mateo 10:1).

Cuando los discípulos de Juan el Bautista, vinieron a preguntarle a Jesús si era el Mesías, para que se los demostrara, Él respondió: "*Los ciegos ven, los cojos andan, los leprosos son limpiados, los sordos oyen, los muertos son resucitados, y a los pobres es anunciado el evangelio*" (Mateo 11:5). Después de la sanidad del hombre de la mano seca, y de la oposición de los fariseos, que pretendían destruirlo, leemos que: "*Sabiendo esto Jesús, se apartó de allí; y le siguió mucha gente, y sanaba a todos*" (Mateo 12:15). Cuando más tarde, la multitud le siguió a un lugar desierto, se dice: "*Y saliendo Jesús, vio una gran multitud, y tuvo compasión de ellos, y sanó a los que de ellos estaban enfermos*" (Mateo 14:14).

Más adelante: "*Cuando le conocieron los hombres de aquel lugar, enviaron noticia por toda aquella tierra alrededor, y trajeron a Él todos los enfermos; y le rogaban que les dejase tocar solamente el borde de Su manto; y todos los que lo tocaron, quedaron sanos*" (Mateo 14:35-36). Se dice también de los enfermos, que estaban entre la multitud, que: "*los pusieron a los pies de Jesús, y los sanó*", y Mateo añade: "*De manera que la multitud se maravillaba, viendo a los mudos hablar, a los mancos sanados, a los cojos andar, y a los ciegos ver; y glorificaban al Dios de Israel*" (Mateo 15:30-31). Y finalmente, cuando Él vino a las costas de Judea, más allá del Jordán, "*le siguieron grandes multitudes, y los sanó allí*" (Mateo 19:2).

Añadamos a estos numerosos pasajes bíblicos, los que nos dan en detalle, el relato de las sanidades realizadas por Jesús; y preguntémonos si estas sanidades, no son más que la prueba de Su poder durante Su vida aquí en la tierra; o si no son más bien, el resultado indudable y continuo, de Su obra de misericordia y de amor, la manifestación de Su poder de redención, que libera el alma y el cuerpo del dominio del pecado.

¡Sí!, ese era en verdad el propósito de Dios. Si, entonces, Jesús llevó nuestras enfermedades, como parte integra de la redención, si ha sanado a los enfermos "*para que se cumpliese lo dicho por el profeta Isaías*", y si Su corazón de Salvador, está siempre lleno de misericordia y de amor, podemos creer con certeza que, hasta el día de hoy, es la voluntad de Jesús sanar a los enfermos en respuesta a la oración de fe.

Capítulo 24: La oración ferviente y eficaz

"Confesaos vuestras ofensas unos a otros, y orad unos por otros, para que seáis sanados. La oración eficaz del justo puede mucho. Elías era hombre sujeto a pasiones semejantes a las nuestras, y oró fervientemente para que no lloviese, y no llovió sobre la tierra por tres años y seis meses. Y otra vez oró, y el cielo dio lluvia, y la tierra produjo su fruto" (Santiago 5:16-18).

Santiago sabía que, una fe que obtiene la sanidad, no es el fruto de la naturaleza humana; por lo tanto, añade, que la oración debe ser *"ferviente"*. Sólo así, puede ser eficaz. En esto se basa el ejemplo de Elías, un hombre de la misma naturaleza que nosotros (*"sujeto a pasiones semejantes a las nuestras"*); deduciendo, por lo tanto, la inferencia, de que nuestra oración puede y debe ser de la misma naturaleza que la suya.

¿Cómo entonces oraba Elías? Esto arrojará algo de luz, sobre lo que debe ser la oración de fe. Elías había recibido de Dios la promesa, de que la lluvia estaba a punto de caer sobre la tierra (1 Reyes 18:1), y se lo había declarado al rey Acab. Firme en la promesa de su Dios, subió al monte Carmelo para orar (1 Reyes 18:42; Santiago 5:18). Comprendía y creía, que la voluntad de Dios era enviar la lluvia; y, sin embargo, decidió orar, o la lluvia no vendría. Su oración no era una forma vacía; era un poder real, cuya eficacia estaba a punto de hacerse sentir en el cielo.

Dios quería que lloviese, pero la lluvia sólo vendría a petición de Elías, petición que se repetía con fe y con perseverancia, hasta la aparición de la primera nube en el cielo. Para que la voluntad de Dios se cumpla, esta voluntad debe ser expresada, por una parte, mediante una promesa, y por la otra, debe ser recibida y asida por el creyente que ora. Por lo tanto, debe perseverar en la oración, para mostrar a su Dios, que su fe espera una respuesta, y que no se cansará hasta que la obtenga. Así es como se debe orar por los enfermos.

La promesa de Dios: "*Y el Señor lo levantará*", debe ser apoyada, y Su voluntad de sanar reconocida. El mismo Jesús nos enseña a orar con fe, para contar con la respuesta de Dios; nos dice: "*Por tanto, os digo que todo lo que pidiereis orando, creed que lo recibiréis, y os vendrá*" (Mateo 11:24).

Después de la oración de fe, que recibe de antemano lo que Dios ha prometido, viene la oración de perseverancia, que no pierde de vista lo que se ha pedido, hasta que Dios haya cumplido Su promesa (1 Reyes 18:43). Puede haber algún obstáculo que impida el cumplimiento de la promesa; ya sea por el lado de Dios y de Su justicia (Deuteronomio 9:18), o por el lado de Satanás, y de su constante oposición a los planes de Dios, algo que aún puede impedir la respuesta a la oración (Deuteronomio 10:12-13). También puede ser que nuestra fe necesite ser purificada (Mateo 15:22-28). Sea lo que sea, nuestra fe está llamada a perseverar, hasta que llegue la respuesta. El que ora seis veces fervientemente, y se detiene allí, cuando debería haber orado siete veces (2 Reyes 13:18-19), se priva de la respuesta a su oración.

La perseverancia en la oración, una perseverancia que fortalece la fe del creyente, contra todo lo que pueda parecer contrario a la respuesta, es un verdadero milagro; es uno de los misterios impenetrables de la vida de fe. ¿No nos dice que el redimido del Salvador es en verdad Su amigo (Juan 15:15), un miembro de Su Cuerpo (Efesios 5:30), y que el gobierno del mundo (1 Timoteo 2:1-2) y los dones de la gracia divina (Efesios 3:14-16), dependen en cierto sentido de sus oraciones? La oración, por lo tanto, no es una forma vana. Es la obra del Espíritu Santo, que intercede aquí en la tierra *en* nosotros y *por* nosotros (Romanos 8:26-27); y como tal, es tan eficaz, tan indispensable, como la obra del Hijo que intercede por nosotros ante el trono de Dios (Romanos 8:34; Hebreos 7:25).

Puede parecer extraño, que después de haber orado con la certeza de ser escuchados, y de haber visto en ello la voluntad de Dios, tengamos que seguir orando. Sin embargo, es así. En Getsemaní, Jesús oró tres veces seguidas (Mateo 26:36-46). En el monte Carmelo, Elías oró siete veces (1 Reyes 18:42-45); y nosotros, si creemos en la promesa de Dios sin dudarlo, oraremos hasta recibir la respuesta. Tanto el amigo inoportuno que se presenta a medianoche (Lucas 11:5), como la viuda que asedió al juez injusto (Lucas 18:1-8), son ejemplos de perseverancia, en la búsqueda del fin que se persigue. Aprendamos de la oración de Elías a humillarnos, a reconocer por qué el poder de Dios no puede manifestarse más en la Iglesia, ya sea en la sanidad de los enfermos, o en la conversión, o en la santificación: *"Pero no tenéis lo que deseáis, porque no pedís"* (Santiago 4:2).

Que también nos enseñe a tener paciencia. En los casos en que la sanidad se retrasa, recordemos que pueden existir obstáculos, sobre los que sólo la perseverancia en la oración puede triunfar. La fe que deja de orar, o que se deja relajar en su fervor, no puede apropiarse de lo que Dios, sin embargo, ha dado. Que nuestra fe en las promesas de la Escritura, no se vea sacudida, por aquellas cosas que aún están fuera de nuestro alcance.

La promesa de Dios sigue siendo la misma: "*Y la oración de fe salvará al enfermo*". Que la oración de Elías, fortalezca nuestra fe. Recordemos que debemos imitar a aquellos, que por la fe y la paciencia heredan las promesas (Hebreos 6:12). Si aprendemos a perseverar en la oración, su fruto será siempre más abundante, siempre más evidente, y obtendremos, como Jesús lo obtuvo cuando estuvo en la tierra, la sanidad de los enfermos; y a menudo la sanidad inmediata, que traerá la gloria a Dios.

Capítulo 25: La oración de intercesión

"Confesaos vuestras ofensas unos a otros, y orad unos por otros, para que seáis sanados. La oración eficaz del justo puede mucho" (Santiago 5:16).

Santiago comienza hablándonos de las oraciones de los ancianos de la iglesia; pero aquí se dirige a todos los creyentes, diciendo: *"orad unos por otros, para que seáis sanados"*. Habiendo hablado ya de la confesión y del perdón, añade: *"orad unos por otros"*. Esto nos muestra, que la oración de fe que pide sanidad, no es la oración de un creyente aislado, sino que debe unir a los miembros del Cuerpo de Cristo, en la comunión del Espíritu (2 Corintios 13:14; Filipenses 2:1). Dios ciertamente escucha la oración de cada uno de Sus hijos, tan pronto como se le presenta con una fe viva; pero el enfermo no siempre posee una fe como esta.

Por lo tanto, para que el Espíritu Santo pueda actuar con poder, debe haber generalmente, la unión de varios miembros del Cuerpo de Cristo, unidos reclamando Su Presencia. Esta dependencia de nuestros hermanos, debe ser ejercida de dos maneras. En primer lugar, debemos confesar nuestras faltas a los que hayamos agraviado, y recibir el perdón de ellos. Pero, además, si un enfermo es llevado a ver tal o cual pecado que ha cometido, como la causa de su enfermedad, y reconocer en él un castigo de Dios; debe en tal caso, reconocer su pecado ante los ancianos o hermanos *en* Cristo que oran por él, y que están así capacitados, para hacerlo con más luz y con más fe.

Esta confesión será también, una *piedra de toque* (Santiago 1:3; NBE), que pondrá a prueba la sinceridad de su arrepentimiento, ya que es más fácil confesar nuestros pecados a Dios, que al hombre. Antes de hacerlo, su humillación debe ser real, y su arrepentimiento sincero. El resultado será, una comunión más estrecha entre el enfermo y los que interceden por él, y su fe se vivificará de nuevo. "*Orad unos por otros, para que seáis sanados*". ¿No responde esto claramente a lo que uno oye decir tan a menudo?: ¿De qué sirve ir a Mr. Zeller en Suiza[17], al Dr. Cullis en América[18] o a

---

[17] Una referencia a Mr. Samuel Zeller (1834—1912). Samuel Zeller era un joven obrero de Dorothea Trudel (1813—1862) en Mannedorf, Suiza. Nació en 1834, y su padre era conocido como el fundador del Reformatorio en Beuggen. Había sido misionero en las áreas de Glaris y en el lago de Zurich. Cuando descubrió que tenía una enfermedad de la piel, fue a la casa de sanidad de Mannadorf para orar. Trudel le dijo que: "cuando tuviera un alma más limpia, tendría la piel más limpia", y se sanó allí, con el tiempo. Dorothea lo llamó "su hijo adoptivo y sucesor", y oraba por él con regularidad, para que la llenura del Espíritu y el poder de la fe, cayeran sobre él. Tras su muerte, Zeller se hizo cargo de la obra, con la ayuda de su hermana, y finalmente pasó a llamarse Instituto Zeller. Contaban con el apoyo de varios hombres y mujeres, que habían sido sanados en el instituto. El personal era en su mayor parte, voluntarios no remunerados. Sirvieron y ministraron regularmente a 150 personas al día. Había dos grupos distintos de personas en Mannedorf, los que venían a descansar y a tomar un refrigerio, y los que habían sido considerados incurables por los médicos, y venían en busca de un toque de parte de Dios. Muchos de los que venían, parecían tener problemas mentales o emocionales. La sanidad se consideraba generalmente una obra progresiva entre los pacientes. Los pacientes estaban "empapados" en la oración práctica, la intercesión, la Palabra y el descanso. Zeller enfatizó la necesidad de confesar los pecados pasados. Creía que el pecado y la enfermedad, especialmente las emocionales, a menudo estaban vinculados. "*Confesaos vuestras ofensas unos a otros, y orad unos por otros, para que seáis sanados. La oración eficaz del justo puede mucho*" (Santiago 5:16). Zeller no se oponía a la ayuda médica, y llamaba a los médicos, cuando pensaba que serían de alguna ayuda.

Bethshan en Londres[19]? ¿No oye el Señor la oración, en cualquier lugar que se le ofrezca? ¡Sí!; sin duda alguna, dondequiera que una oración de fe viva se eleva a Dios, le encuentra preparado para conceder la sanidad; pero la Iglesia ha descuidado tanto, la creencia en esta verdad, que es raro encontrar en la actualidad, cristianos capaces de orar de esta manera.

Así pues, no podemos estar demasiado agradecidos con el Señor, por haber inspirado en ciertos creyentes, el deseo de consagrar sus vidas; en parte, para dar testimonio de la verdad de la sanidad divina. Sus palabras y su fe, despiertan la fe en el corazón de muchos enfermos que, sin su ayuda, nunca llegarían a ella. Son precisamente estas mismas personas, las que siempre dicen a todo el mundo: "El Señor está en todas partes". Que los cristianos aprendan a no

---

También estaba en desacuerdo con las enseñanzas extremas, de que la enfermedad siempre era prueba de pecado o de la falta de fe. Zeller predicaba el evangelio y oraba por los enfermos. Durante los años que dirigió el instituto, cientos fueron sanados y llevados a un conocimiento más profundo del Salvador Jesucristo. Otto Stockmayer (1838—1917), de Suiza, fue sanado mediante el ministerio de Zeller, y comenzó su propio hogar de sanidad, y enseñó a la gente sobre la sanidad divina en toda Europa. La casa cobraba según la capacidad de los visitantes, y muchos se quedaban durante meses sin pagar nada a la organización. Como George Müller (1805—1898) y Charles Cullis, vivían de la fe, y las finanzas a menudo eran extremadamente bajas. En 1881, había siete casas de sanidad, y muchos visitantes se alojaban en las casas de los aldeanos locales.

[18] Referencia al Dr. Charles Cullis (1833—1892), William E. Boardman escribió una biografía acerca de él y su ministerio de sanidad en los Estados Unidos, específicamente en Boston, Massachusetts.

[19] Se refiere al Hogar Sanidad de Bethshan en Londres, Inglaterra, inspirado por William Edwin Boardman.

descuidar ni la más mínima parte, del maravilloso poder de su Dios, y Él será capaz de manifestar a todos, que Él es siempre: "*Jehová tu sanador*" (Éxodo 15:26). Prestemos atención para obedecer la Palabra de Dios, para confesarnos unos a otros y para orar unos por otros, para ser sanados.

Santiago señala aquí, otra condición esencial para el éxito de la oración: debe ser "*la oración eficaz del justo*". "El clamor de un hombre justo tiene mucho que ver con su obra". La Escritura nos dice, que "*el que hace justicia es justo, como Él* [Jesús] *es justo*" (1 Juan 3:7). El propio Santiago, fue llamado "el Justo", debido a su piedad y a la ternura de su conciencia. Ya sea un "anciano" o un simple creyente, sólo después de que uno se entrega totalmente a Dios y vive en obediencia a Su voluntad, puede uno orar eficazmente por los hermanos.

Juan dice lo mismo: "*Y cualquiera cosa que pidiéremos la recibiremos de Él, porque guardamos Sus mandamientos, y hacemos las cosas que son agradables delante de Él*" (1 Juan 3:22). Por lo tanto, es la oración de quien vive en íntima comunión con Dios, la que "*puede mucho*". Es a tal oración a la que Dios le concederá la respuesta, que no podría dar a otro de Sus hijos. A menudo escuchamos estas palabras citadas: "*La oración eficaz del justo puede mucho*", pero muy raramente se toma en conexión con su contexto, o se recuerda que es especialmente la sanidad divina, lo que está en cuestión aquí. ¡Oh, que el Señor levante en Su Iglesia, a muchos de estos hombres justos, animados con una fe viva, a los que pueda utilizar para glorificar a Jesús, como el divino Sanador de los enfermos!

Capítulo 26: La voluntad de Dios

"Venga Tu reino. Hágase Tu voluntad, como en el cielo, así también en la tierra" (Mateo 6:10).

"En lugar de lo cual deberíais decir: Si el Señor quiere, viviremos y haremos esto o aquello" (Santiago 4:15).

En días de enfermedad, cuando los médicos y las medicinas fallan, se recurre generalmente a las palabras que hemos citado aquí, y pueden convertirse fácilmente en un obstáculo, en el camino de la sanidad divina. ¿Cómo puedo saberlo, se preguntan, si no es la voluntad de Dios que permanezca enfermo? Y mientras esta es una pregunta abierta, ¿cómo puedo creer en la sanidad? ¿Cómo puedo orar por ella con fe? Aquí la verdad y el error, parece que se tocan. Es imposible orar con fe, cuando no estamos seguros de que estamos pidiendo de acuerdo a la voluntad de Dios. "Puedo", se puede decir, "orar fervientemente, pidiendo a Dios que haga lo mejor para mí, creyendo que me sanará si es posible".

Mientras uno ora así, uno está orando con sumisión, pero esta no es la oración de fe. Eso sólo es posible, cuando estamos seguros de que estamos pidiendo de acuerdo a la voluntad de Dios. La cuestión se resuelve entonces por sí misma, al asegurarse de cuál es la voluntad de Dios. Es un gran error pensar, que el hijo de Dios no puede saber cuál es Su voluntad sobre la sanidad. Para conocer Su voluntad divina, debemos guiarnos por la Palabra de Dios. Es Su Palabra, la que nos promete la sanidad. La promesa de Santiago 5, es tan absoluta, que es imposible negarla.

Esta promesa, sólo confirma otros pasajes, igualmente fuertes, que nos dicen que Jesucristo ha obtenido la sanidad de nuestras enfermedades, porque Él ha llevado nuestras enfermedades. Según esta promesa, tenemos derecho a la sanidad, porque es una parte de la salvación que tenemos *en* Cristo; y, por lo tanto, podemos esperarla con certeza. La Escritura nos dice, que la enfermedad es en las manos de Dios, el medio para disciplinar a Sus hijos por sus pecados, pero que esta disciplina deja de ser ejercida, tan pronto como Su hijo sufriente, reconoce y se aparta del pecado.

¿No es tanto como decir claramente, que Dios sólo desea hacer uso de la enfermedad, para traer de vuelta a Sus hijos cuando se están desviando? Cristiano enfermo, abre tu Biblia, estúdiala y ve en sus páginas que la enfermedad, es una advertencia para renunciar al pecado, pero que quien reconoce y abandona sus pecados, encuentra en Jesús el perdón y la sanidad. Tal es la promesa de Dios en Su Palabra. Si el Señor tuviera a la vista alguna otra disposición para tales de Sus hijos, a quienes estaba a punto de llamar a Su morada, les daría a conocer Su voluntad, dándoles por el Espíritu Santo, el deseo de partir; en otros casos especiales, despertaría alguna convicción especial; pero como regla general, la Palabra de Dios nos promete la sanidad en respuesta a la oración de fe.

"Sin embargo", algunos podrían decir, "¿no es mejor en todas las cosas dejarlo a la voluntad de Dios?" Y citan el ejemplo de tales o cuales cristianos, que habrían, por así decirlo, forzado la mano de Dios al orar sin añadir: "*Hágase Tu voluntad*"; y, por tanto, no habrían experimentado la bendición en la respuesta a sus oraciones. Y estos dirían: "¿Cómo sabemos si la enfermedad no sería mejor para nosotros que la salud?" Noten aquí, que no se trata de forzar la mano de Dios, ya que es Su Palabra la que nos dice, que es Su voluntad sanarnos: "*Y la oración de fe salvará al enfermo*".

Dios quiere que la salud del alma, tenga un reflejo bendito en la salud del cuerpo, que la Presencia de Jesús en el alma, tenga su confirmación en el buen estado del cuerpo. Y cuando sepas que tal es Su voluntad, no puedes, al hablar así, decir con verdad, que estás en todas las cosas dejándolo a Él. No es dejarlo a Él, cuando haces uso de todos los medicamentos posibles para obtener la sanidad, en lugar de aferrarte a Su promesa. Tu sumisión no es otra cosa, que la pereza espiritual en vista de lo que Dios te ordena hacer.

En cuanto a saber si la enfermedad no es mejor que la salud, no dudamos en responder, que el retorno a la salud, que es el fruto de la renuncia al pecado, de la consagración a Dios y de la comunión íntima con Dios, es infinitamente mejor que la enfermedad: "*Pues la voluntad de Dios es vuestra santificación*" (1 Tesalonicenses 4:3); y es por medio de la sanidad, que Dios confirma la realidad de esto. Cuando Jesús viene a tomar posesión de nuestro cuerpo, y lo sana milagrosamente, cuando se deduce que la salud recibida, debe ser mantenida cada día por una comunión ininterrumpida con Él, la experiencia que obtenemos así, del poder del Salvador y de Su amor, es un resultado muy superior al que ofrece la enfermedad.

Sin duda, la enfermedad puede enseñarnos la sumisión, pero la sanidad recibida directamente de Dios, nos hace conocer mejor a nuestro Señor, y nos enseña a confiar mejor en Él.

Además de que, prepara al creyente para cumplir mejor el servicio de Dios. Cristiano, que estás enfermo, si realmente quieres saber cuál es la voluntad de Dios en esta situación, no te dejes influenciar por las opiniones de los demás, ni por tus propios prejuicios anteriores, sino que escucha y estudia lo que la Palabra de Dios tiene que decir.

Examina, si no te dice que la sanidad divina es una parte de la redención de Jesús, y que Dios quiere que cada creyente tenga el derecho de reclamarla; mira si no promete, que la oración de cada hijo de Dios por tal situación será escuchada, y si la salud restaurada por el poder del Espíritu Santo, no manifiesta la gloria de Dios a los ojos de la Iglesia y del mundo. Pregúntale a la Escritura; y te responderá que, según la voluntad de Dios, la enfermedad es una disciplina ocasionada por el pecado (o por la falta), y que la sanidad concedida a la oración de fe, da testimonio de Su gracia que perdona, que santifica y que quita el pecado.

Capítulo 27: Obediencia y salud

"Y Moisés clamó a Jehová, y Jehová le mostró un árbol; y lo echó en las aguas, y las aguas se endulzaron. Allí les dio estatutos y ordenanzas, y allí los probó; y dijo: Si oyeres atentamente la voz de Jehová tu Dios, e hicieres lo recto delante de Sus ojos, y dieres oído a Sus mandamientos, y guardares todos Sus estatutos, ninguna enfermedad de las que envié a los egipcios te enviaré a ti; porque Yo soy Jehová tu sanador" (Éxodo 15:25-26).

Fue en Mara, donde el Señor dio a Su pueblo esta ordenanza (Véase Éxodo 15:23). Israel fue liberado del yugo de Egipto, cuando su fe fue puesta a prueba en el desierto, junto a las aguas de Mara. Fue después de haber endulzado las aguas amargas, que el Señor prometió que no pondría sobre los hijos de Israel ninguna de las enfermedades, que había traído a los egipcios, mientras le obedecieran. Estarían expuestos a otras pruebas, podrían sufrir a veces la necesidad de pan y de agua, y encontrar grandes peligros; todas estas cosas, podrían sobrevenirles a pesar de su obediencia, pero la enfermedad no podría tocarlos.

En un mundo todavía bajo el poder de Satanás (1 Juan 5:19), podrían ser un blanco para los ataques que vienen de afuera, pero sus cuerpos no estarían oprimidos por la enfermedad, porque Dios los había liberado de ella. Si no les hubiera dicho: *"Si oyeres atentamente la voz de Jehová tu Dios, e hicieres lo recto delante de Sus ojos, y dieres oído a Sus mandamientos, y guardares todos Sus estatutos, ninguna enfermedad de las que envié a los egipcios te enviaré a ti; porque Yo soy Jehová tu sanador"*. Y otra vez, en otro lugar, se les dice: *"Mas a Jehová vuestro Dios serviréis, y Él bendecirá tu pan y tus aguas; y Yo quitaré toda enfermedad de en medio de ti"* (Éxodo 23:25; cf. Levíticos 26:14, 16; Deuteronomio 7:15, 23; 28:15-61).

Esto llama nuestra atención, sobre una verdad de la mayor importancia: la relación íntima que existen entre la obediencia y la salud, entre la santificación, que es la salud del alma, y la sanidad divina, que asegura la salud del cuerpo — ambas están comprendidas en la salvación que viene de Dios —. Es digno de mencionar, que, en varios idiomas, estas tres palabras: "*salvación*", "*sanidad*" y "*santificación*", se derivan de la misma raíz, y presentan al mismo pensamiento fundamental. (Por ejemplo, en el alemán: *heil* es salvación; *heilung* es sanidad; y *heilichung* es santificación).

La salvación es la redención que el Salvador nos ha obtenido, la salud es la salvación del cuerpo, que también nos viene del Divino Sanador; y, por último, la santificación nos recuerda que la verdadera salvación y que la verdadera salud, consisten en ser santo como Dios es santo (1 Pedro 1:15-16). Así, al dar salud al cuerpo y al santificar el alma, Jesús es realmente el Salvador de Su pueblo. Nuestro texto declara claramente, la relación que existe entre la santidad de la vida y la sanidad del cuerpo. Las expresiones que lo confirman, parecen multiplicarse a propósito: "*Si oyeres atentamente... he hicieres lo recto... y dieres oído... y guardares todos Sus estatutos, ninguna enfermedad de las que envié a los egipcios te enviaré a ti*".

Aquí tenemos la clave de la verdadera obediencia y de la santidad. A menudo pensamos, que conocemos bien la voluntad de Dios revelada en Su Palabra; pero, ¿por qué este conocimiento no produce obediencia? Es porque para obedecer, debemos empezar por escuchar: "*Si oyeres atentamente la voz de Jehová tu Dios, y dieres oído a Sus mandamientos"*. Si la voluntad de Dios, me llega a través de la voz de un hombre, o a través de la lectura de un libro, la misma puede tener poco poder en mí; mientras que, si entro en comunión directa con Dios, y escucho Su voz, Su mandamiento es vivificado con un poder viviente, para facilitar su cumplimiento.

Cristo es la Palabra viva (Juan 1:1) y el Espíritu Santo es Su voz (1 Juan 2:20, 27). Escuchar Su voz, significa renunciar a nuestra propia voluntad y sabiduría, debemos cerrar el oído a cualquier otra voz, para no esperar otra dirección más, que la queda el Espíritu Santo. El que es redimido, es como un sirviente o como un niño, que necesita ser dirigido; sabe que pertenece completamente a Dios, y que todo su ser: espíritu, alma y cuerpo (1 Tesalonicenses 5:23), debe glorificar a Dios. Pero es igualmente consciente, de que esto está por encima de sus fuerzas, y que necesita recibir, hora tras hora, la dirección que necesita (Romanos 8:14; Gálatas 5:18).

Sabe también, que el mandamiento divino, mientras sea letra muerta para él, no puede impartirle fuerza y sabiduría (2 Corintios 3:6), y que sólo, si presta atención a lo que dice, obtendrá la fuerza deseada; por lo tanto, escucha y aprende así, a observar las leyes de Dios (Salmos 103:7). Esta vida de atención y de acción, de renuncia y de crucifixión, constituye una vida santa. El Señor nos lleva a ella, en primer lugar, por medio de la enfermedad, y nos hace comprender lo que nos falta; y luego también, por la sanidad que llama al alma, a esta vida de continua atención a la voz de Dios. La mayoría de los cristianos, no ven nada más en la sanidad divina, que una bendición temporal para el cuerpo, mientras que en la promesa de nuestro santo Dios, Su fin es hacernos santos.

El llamado a la santidad, suena cada día más fuerte y más claro en la Iglesia. Más y más creyentes, están llegando a entender que Dios quiere que sean como Cristo; y el Señor está comenzando de nuevo, a hacer uso de Su virtud sanadora, buscando así mostrarnos, que aún en nuestros días, el Santo de Israel es: "*Jehová tu sanador*", y que es Su voluntad mantener a Su pueblo, tanto en la salud del cuerpo como en la obediencia.

Que el que busca la sanidad del Señor, la reciba con gozo. No es una obediencia legalista lo que se requiere de él, una obediencia que depende de su propia fuerza. ¡No! Dios le pide, por el contrario, el abandono de un niño pequeño, la atención que escucha y es consiente para ser guiado. Esto es lo que Dios espera de él; y la sanidad del cuerpo, será el resultado de esta fe infantil, porque el Señor se le revelará como el poderoso Salvador, que sana el cuerpo y que santifica el alma.

Capítulo 28: La enfermedad y la sanidad de Job

"Entonces salió Satanás de la Presencia de Jehová, e hirió a Job con una sarna maligna desde la planta del pie hasta la coronilla de la cabeza" (Job 2:7).

El velo que nos oculta el mundo invisible, se levanta por un momento en la misteriosa historia de Job; nos revela el cielo y el infierno, ocupados con los siervos de Dios en la tierra. Vemos en él, las tentaciones propias de la enfermedad, y cómo Satanás se sirve de ellas, para disputar con Dios y para buscar la perdición del alma del hombre; mientras que Dios, por el contrario, trata de santificarla mediante la misma prueba. En el caso de Job, vemos a la luz de Dios, la fuente de la que procede la enfermedad, cuál es el resultado que debe tener y cómo es posible librarse de ella.

¿De dónde viene la enfermedad, de Dios o de Satanás? Las opiniones sobre este punto difieren enormemente. Algunos sostienen que es enviada por Dios, otros ven en ella, la obra del maligno. Ambos están equivocados, mientras mantengan su punto de vista excluyendo el de la otra parte; mientras que ambos están en lo cierto, si admiten que hay dos lados en esta cuestión. Digamos entonces, que la enfermedad viene de Satanás, pero que no puede existir sin el permiso de Dios. Por una parte, el poder de Satanás es el de un opresor, que no tiene ningún derecho a abalanzarse sobre el hombre y atacarlo; y, por otra parte, las pretensiones de Satanás sobre el hombre son legítimas, en la medida en que la justicia de Dios decreta, que el que se entrega a Satanás (1 Corintios 5:5), se pone bajo su dominio.

Satanás es el príncipe del reino de las tinieblas y del pecado (Efesios 2:2; Juan 8:44); la enfermedad es la consecuencia del pecado. Aquí está, lo que constituye el derecho de Satanás sobre el cuerpo del hombre pecador. Satanás es el príncipe de este mundo (Juan 12:31; 14:30; 16:11), reconocido por Dios, hasta que sea legalmente conquistado y destronado. Por consiguiente, tiene cierto poder, sobre todos los que permanecen aquí en la tierra, bajo su jurisdicción. Él es entonces, quien atormenta a los hombres con la enfermedad, y quien busca con ello, apartarlos de Dios, y obrar su ruina.

Pero nos apresuramos a decir, que el poder de Satanás está lejos de ser todopoderoso; no puede hacer nada sin la autorización de Dios. Dios le permite hacer todo lo que hace, para tentar a los hombres, incluso a los creyentes, pero es para que la prueba produzca en ellos el fruto de la santidad. Se dice también que Satanás, tiene el poder de la muerte (Hebreos 2:14), que está en todas partes, donde reina la muerte; y, sin embargo, no tiene poder para decidir sobre la muerte de los siervos de Dios, sin la expresa voluntad de Dios. Lo mismo ocurre con la enfermedad. Debido al pecado, la enfermedad es obra de Satanás, pero como la dirección suprema de este mundo pertenece a Dios, también puede ser considerada como la obra de Dios. Todos los que conocen el libro de Job, saben como esto se manifiesta claramente en dicho libro.

¿Cuál debería ser el resultado de la enfermedad? El resultado será bueno o será malo, según como Dios o Satanás tengan la victoria en nosotros. Bajo la influencia de Satanás, una persona enferma, se hunde siempre más profundamente en el pecado. No reconoce que el pecado es la causa del castigo, y se ocupa exclusivamente de sí mismo y de sus sufrimientos. No desea otra cosa que ser sanado, sin soñar tan siquiera, con un deseo de la liberación del pecado. Por el contrario, dondequiera que Dios obtiene la victoria, la enfermedad lleva al sufriente, a renunciar a sí mismo y a abandonarse a Dios. La historia de Job ilustra esto. Sus amigos le acusaron injustamente, de haber cometido pecados de gravedad excepcional, y que, por causa de los mismo, fueron palpables sus terribles sufrimientos. Sin embargo, no fue así, ya que Dios mismo había dado testimonio de que era: *"varón perfecto y recto, temeroso de Dios y apartado del mal"* (Job 2:3). Pero al defenderse, Job fue demasiado lejos. En lugar de humillarse ante el Señor en medio de su humillación, y reconocer sus pecados ocultos, buscó en toda su justicia propia, justificarse a sí mismo. No fue hasta que el Señor se le apareció, que pudo decir: *"Por tanto me aborrezco, y me arrepiento en polvo y ceniza"* (Job 42:6). Para él, la enfermedad se convirtió en una señal de bendición, al llevarle a conocer a Dios de una manera totalmente nueva (Job 42:5), y al humillarse más que nunca antes, delante de Él. Esta es la bendición que Dios desea que nosotros también podamos recibir, siempre que permita que Satanás nos golpee con la enfermedad; y este fin, es alcanzado por todos los que sufren, y por todos aquellos, que se abandonan sin reservas a Él.

¿Cómo vamos a ser liberados de la enfermedad? Un padre nunca prolonga el castigo de su hijo, más allá del tiempo necesario. Dios también, que tiene Su propósito de permitir la enfermedad, no prolongará el castigo más de lo necesario, para alcanzar Su fin. Tan pronto como Job lo entendió, desde que fue expuesto y se arrepintió en polvo y ceniza, al escuchar lo que Dios le había revelado de Sí mismo, el castigo llegó a su fin. Dios mismo lo libró de la mano de Satanás y lo sanó de su enfermedad.

Ojalá que los enfermos de hoy en día, comprendieran que Dios tiene un propósito distinto al permitir el castigo, y que tan pronto como se logre, tan pronto como el Espíritu Santo les haya guiado a confesar y abandonar sus pecados, y a consagrarse por completo al servicio del Señor, el castigo ya no será necesario, que el Señor *puede* y *quiera* liberarlos. Dios se sirve de Satanás, como un gobernador sabio se sirve de un carcelero. Sólo deja a Sus hijos en su poder por el tiempo dado; después de lo cual, Su buena voluntad es asociarnos en la redención de Aquel que ha vencido a Satanás (Juan 16:11), que nos ha retirado de su dominio, al llevar en nuestro lugar nuestros pecados y nuestras enfermedades.

Capítulo 29: La oración de fe

"Y la oración de fe salvará al enfermo, y el Señor lo levantará; y si hubiere cometido pecados, le serán perdonados" (Santiago 5:15).

¡La oración de fe! Sólo una vez aparece esta expresión en la Biblia, y se refiere a la sanidad de los enfermos. La Iglesia ha adoptado esta expresión, pero casi nunca recurre a la oración de fe, excepto para obtener otras gracias; mientras que, según la Escritura, está especialmente destinada a la sanidad de los enfermos.

¿Espera el Apóstol la sanidad por medio de la oración de fe solamente, o debe ir acompañada del uso de medicamentos? Esta es generalmente la pregunta que se plantea. Es fácil de decidir, si tomamos en consideración el poder de la vida espiritual de la Iglesia en las primeras épocas. Los dones de sanidad fueron otorgados a los Apóstoles por el Señor, y aumentados por el subsiguiente derramamiento del Espíritu Santo (Hechos 4:30; 5:15-16), Pablo dice de estos dones de sanidad, que fueron otorgados por el mismo Espíritu (1 Corintios 12:9); mientras que Santiago insiste aquí, cuando para fortalecer al lector en la expectativa de la fe, recuerda la oración de Elías y la maravillosa respuesta de Dios (Santiago 5:14-17). ¿No muestra acaso todo esto claramente, que el creyente debe buscar la sanidad en respuesta a la oración de fe solamente, y sin la adición de medicamentos?

Surgirá otra pregunta: ¿La oración de fe, excluye el uso de medicamentos? A esto creemos, que nuestra respuesta debe ser: ¡No!, porque la experiencia de un gran número de creyentes atestigua que, en respuesta a sus oraciones, Dios ha bendecido a menudo el uso de los medicamentos, y los ha convertido en un medio de sanidad.

Llegamos aquí a una tercera pregunta: ¿Cuál es entonces la línea a seguir, para que podamos probar con la mayor certeza posible, y de acuerdo a la voluntad de Dios, la eficacia de la oración de fe? ¿Se trata entonces, según Santiago, de dejar de lado todos los medicamentos, o de usar los medicamentos como lo hacen la mayoría de los creyentes? En una palabra, ¿es con o sin medicamentos, que la oración de fe obtiene mejor la gracia de Dios? ¿Cuál de estos dos métodos será más directamente para la gloria de Dios, y para la bendición del enfermo? ¿No es perfectamente simple responder, que, si la prescripción y la promesa de Santiago se aplican a los creyentes de nuestro tiempo, encontrarán bendición al recibirlas, tal como fueron dadas a los creyentes de entonces, conformándose a ellas en todos los puntos, esperando la sanidad sólo del Señor mismo, sin tener que recurrir además a los medicamentos? Es, de hecho, en este sentido, que la Escritura siempre habla de la fe efectiva y de la oración de fe.

Tanto las leyes de la naturaleza, como el testimonio de la Escritura, nos muestran que Dios se sirve a menudo de agentes intermediarios para manifestar Su gloria, pero ya sea por experiencia o por la Escritura, sabemos también que, bajo el poder de la caída, y el imperio de nuestros sentidos, nuestra tendencia es dar más importancia a los medicamentos, que a la acción directa de Dios. Sucede a menudo, que los medicamentos nos ocupan tanto, como para interceptar[20] la Presencia de nuestro Dios y alejarnos de Él. Así, las leyes y las

---

[20] O, para interponerse.

propiedades de la naturaleza, que estaban destinadas a devolvernos a Dios, tienen el efecto contrario. Por eso el Señor, al llamar a Abraham a ser el padre de Su pueblo elegido, no recurrió a las leyes de la naturaleza (Romanos 4:17-21). Dios formaría para Sí mismo un pueblo de fe, viviendo más en lo invisible, que en lo visible; y para llevarlos a esta vida, era necesario quitarles la confianza en los medios ordinarios. Vemos, pues, que no fue por los medios ordinarios que Él ha trazado en la naturaleza, que Dios guio a Abraham, a Moisés, a Josué, a Gedeón, a los Jueces, a David y a muchos otros reyes de Israel. Su objetivo era enseñarles con esto, a confiar sólo en Él, a conocerle tal y como Él es: "*Tú eres el Dios que hace maravillas; hiciste notorio en los pueblos Tu poder*" (Salmos 77:14). Dios quiere actuar de manera similar con nosotros. Es solo cuando buscamos caminar de acuerdo a Su prescripción en Santiago 5, abandonando las cosas que se ven (2 Corintios 4:18) para asirnos de la promesa de Dios, y así recibir directamente de Él la sanidad deseada, que descubrimos cuánta importancia le hemos dado a los medicamentos terrenales. Sin duda, hay cristianos que pueden hacer uso de los medicamentos sin dañar su vida espiritual, pero el mayor número de ellos, son propensos a contar mucho más con los medicamentos, que con el poder de Dios. Ahora bien, el propósito de Dios es llevar a Sus hijos a una comunión más íntima con Cristo, y esto es justo lo que sucede, cuando por medio de la fe, nos comprometemos con Él como nuestro Sanador soberano, contando únicamente con Su Presencia invisible. Renunciar a los medicamentos, se fortalece la fe de manera extraordinaria. La sanidad se convierte entonces, en mucho más que una enfermedad, en una fuente de innumerables bendiciones espirituales. Nos hace real lo que la fe puede lograr, establece un nuevo vínculo entre Dios y el creyente, y comienza *en* Él, una vida de confianza y de dependencia. El cuerpo, al igual que el alma, se pone bajo el poder del Espíritu Santo, y la oración de fe, que salva al enfermo, nos lleva así, a una vida de fe, fortalecida por la seguridad de que Dios manifiesta Su Presencia en nuestra vida terrenal.

Capítulo 30: La unción en el nombre del Señor

"¿Está alguno enfermo entre vosotros? Llame a los ancianos de la iglesia, y oren por él, ungiéndole con aceite en el nombre del Señor" (Santiago 5:14).

"Ungiéndole con aceite en el nombre del Señor". Estas palabras han dado lugar a controversias. Algunos han querido deducir de ellas, que muy lejos de prescribir el recurso a la oración de fe únicamente, sin el uso de los medicamentos; Santiago había, por el contrario, mencionado la unción con aceite como el remedio a emplear; y que ungir en el nombre del Señor, no tenía otro significado, que el de frotar al paciente con el aceite. Pero como esta prescripción se aplica a todo tipo de enfermedades, esto sería atribuir al aceite, una virtud milagrosa contra toda enfermedad. Veamos qué nos dice la Escritura sobre la unción con aceite, y qué sentido les da a estas dos palabras.

Era costumbre de los orientales, ungirse con aceite luego de bañarse o de ducharse; esto era muy refrescante en un clima caluroso. Vemos también, que todos los llamados al servicio especial de Dios, debían ser ungidos con aceite, como muestra de su consagración a Dios y de la gracia que debían recibir de Él, para cumplir su vocación. Así, el aceite que se usaba para ungir a los sacerdotes y al tabernáculo, era considerado como *"santísimo"* (Éxodo 30:22-32), y dondequiera que la Biblia habla de ungir con aceite, lo hace como un emblema de santidad y de consagración. En ninguna parte de la Biblia, encontramos ninguna prueba de que el aceite fuera usado como un remedio o como un medicamento.

En una ocasión, la unción con aceite se mencionó en relación con la enfermedad, pero su lugar allí, fue evidentemente como una ceremonia religiosa, y no como un remedio. En Marcos 6:13, leemos que los doce: *"echaban fuera muchos demonios, y ungían con aceite a muchos enfermos, y los sanaban"*. Aquí la sanidad de los enfermos, corre paralela a la expulsión de los demonios; ambas son el resultado de un poder milagroso. Tal fue el tipo de misión que Jesús ordenó a Sus discípulos, cuando les envió de dos en dos: *"Entonces llamando a Sus doce discípulos, les dio autoridad sobre los espíritus inmundos, para que los echasen fuera, y para sanar toda enfermedad y toda dolencia"* (Mateo 10:1). De esta manera, el mismo poder que se les confirió, les permitía expulsar a los demonios o sanar a los enfermos.

Pero tratemos de descubrir lo que simbolizaba la unción administrada por los doce. En el Antiguo Testamento, el aceite era el símbolo del don del Espíritu Santo (Hechos 2:38; 10:45; Hebreos 6:4): *"El Espíritu de Jehová el Señor está sobre Mí, porque Me ungió Jehová; Me ha enviado a predicar buenas nuevas a los abatidos, a vendar a los quebrantados de corazón, a publicar libertad a los cautivos, y a los presos apertura de la cárcel"* (Isaías 61:1). Se dice del Señor Jesús, en el Nuevo Testamento: *"cómo Dios ungió con el Espíritu Santo y con poder a Jesús de Nazaret, y cómo éste anduvo haciendo bienes y sanando a todos los oprimidos por el diablo, porque Dios estaba con Él"* (Hechos 10:38), y se dice de los creyentes: *"Pero vosotros tenéis la unción del Santo, y conocéis todas las cosas"* (1 Juan 2:20). A veces el hombre siente la necesidad de una señal visible, apelando a sus sentidos, que pueda venir en su ayuda para sostener su fe, y para permitirle captar el significado espiritual. La unción, por lo tanto, debe simbolizar para el enfermo, la acción del Espíritu Santo que da la sanidad.

¿Necesitamos entonces la unción, así como la oración de fe? Es la Palabra de Dios la que la prescribe, y es para seguir sus enseñanzas, que la mayoría de los que oran por la sanidad, hacen uso de la unción; no porque la consideren indispensable, sino para mostrar que están dispuestos a someterse a la Palabra de Dios en todas las cosas. En la última promesa hecha por el Señor Jesús, Él ordena la imposición de manos, no la unción, para acompañar la comunicación de la virtud de la sanidad (Marcos 16:18). Cuando Pablo circuncidó a Timoteo (Hechos 16:1-3), y cuando hizo un voto especial (Hechos 21:23-24), fue para probar que no tenía ningún problema en observar las instituciones establecidas en el Antiguo Pacto, siempre y cuando, la libertad del Evangelio no sufriera por ello una pérdida. De la misma manera, Santiago, el jefe de la Iglesia de Jerusalén, fiel a preservar en la medida de lo posible, las instituciones de sus padres, continuó el sistema del Espíritu Santo. Y también debemos considerarlo, no como un remedio; sino como una garantía de la poderosa virtud del Espíritu Santo, como un medio para fortalecer la fe, como un punto de contacto y de comunión, entre el enfermo y los miembros de la Iglesia, llamados a ungirlo con aceite. *"Porque Yo soy Jehová tu sanador"* (Éxodo 15:26).

Capítulo 31: La salvación plena, nuestro más grande privilegio

"El entonces le dijo: Hijo, tú siempre estás conmigo, y todas mis cosas son tuyas" (Lucas 15:31).

Por favor, vayan conmigo al capítulo 15 de Lucas, y lean el versículo 31, el padre dijo: *"El entonces le dijo: Hijo, tú siempre estás conmigo, y todas mis cosas son tuyas"*.

Hace algún tiempo, estando en Northfield, el señor Dwight Lyman Moody (1837–1899) me dijo, que lo mejor que había oído en la Convención de Keswick hace dos años, era este versículo dado por algún ministro al final de la Convención, como texto de cierre o de despedida, y el señor Moody se dijo a sí mismo: "¡Oh! ¿Por qué no lo vi antes?".

Podemos hablar mucho y escribir mucho, sobre el amor del padre al hijo pródigo, pero cuando pensamos en la forma en que trató al hermano mayor, nos da un sentido más verdadero del maravilloso amor del padre; por lo tanto, quiero hablar de este versículo.

Supongo que no hay pocos cristianos aquí, que tengan una *"salvación plena"*[21]; pero quizás más de la mitad de los presentes, no la tienen, y si yo te preguntara: "¿La tienes?", probablemente dirías: "No entiendo lo que quieres decir con esto, ¿qué es?". Bueno, el gran objetivo de nuestra Convención es hacerles ver, que la salvación plena les espera ahora, que Dios quiere que la experimenten; y, si sienten que no la tienen,

---

[21] O, completa.

queremos mostrarles lo malo que es estar sin ella, y luego mostrarles, cómo salir de la vida equivocada a la correcta, aquí y ahora. ¡Oh, que todos los que no tienen la experiencia, oren muy humildemente! ¡Oh, Padre mío! ¡llévame al pleno disfrute de Tu plena salvación!

Primero se nos dice, que el hijo mayor estando siempre con su padre, *tuvo, – y si hubiese querido* – el privilegio de dos cosas: del compañerismo incesante y de la asociación ilimitada con el padre. Pero era peor que el hijo pródigo, porque, aunque siempre estaba en casa, nunca había conocido, ni disfrutado, ni entendido, los privilegios que eran suyos. Toda esta plenitud de compañerismo, había sido esperada y ofrecida a él, pero nunca la había recibido. Mientras el pródigo estaba lejos de su casa, en un país lejano, su hermano mayor estaba lejos del disfrute de su hogar, pese al hecho de que él estaba en casa.

Compañerismo incesante. *"Siempre estás conmigo"*. Un padre terrenal ama a su hijo, y se deleita en hacer feliz a su hijo. *"Dios es amor"* (1 Juan 4:8, 16), y se deleita en derramar Su propia naturaleza en Su pueblo (2 Pedro 1:4). Mucha gente habla, de que Dios esconde Su rostro; pero sólo hay dos cosas que hacen que Dios lo haga, el pecado o la incredulidad. Nada más puede hacerlo. Es como la naturaleza misma del sol para brillar, que no puede dejar de brillar una y otra vez. *"Dios es amor"*; y, hablando con toda reverencia, no puede evitar amar. Vemos Su bondad hacia los impíos, y Su compasión hacia los descarriados, pero Su amor paternal se manifiesta hacia todos Sus hijos.

"Siempre estás conmigo"; pero, dices: "¿Es posible ser siempre feliz y vivir con Dios?" ¡Sí!, ciertamente, y hay muchas promesas de las Escrituras en cuanto a esto. Mira la Epístola a los Hebreos, donde leemos sobre la confianza de entrar dentro del velo (Hebreos 10:19-20); ¿cuántas veces, también habla David, de esconderse *"en el secreto de Su tabernáculo"* (Salmos 27:5), y de *"habitar en el lugar secreto del Altísimo, morando a la sombra del Todopoderoso"* (Salmos 91:1)[22]?

Mi mensaje es, que el Señor tu Dios desea que vivas continuamente a la luz de Su rostro. Tus negocios, tu temperamento, tus circunstancias, de las que te quejas como un obstáculo, ¿son más fuertes que Dios? Si vienes y le pides a Dios que brille *en* ti y *sobre* ti, verás y probarás que Él puede hacerlo, y que tú, como creyente, puedes caminar todo el día y todos los días, a la luz de Su amor. Eso es la *"salvación completa"*.

"Siempre estás conmigo"; nunca lo supe Señor, y por eso no lo disfruté, pero ahora sí.

Sociedad Ilimitada. *"Todas mis cosas son tuyas"*. El hijo mayor se quejó de la grandiosa recepción del padre al hijo pródigo, de todo el festín y del regocijo por su regreso, mientras que a él nunca se le había dado ni tan siquiera un cabrito, para que se divirtiera con sus amigos. El padre, en la ternura de su amor, le responde: "Hijo, tú siempre estás conmigo, y todas mis cosas son tuyas; sólo tenías que pedirlo, y habrías conseguido todo lo que deseabas y necesitabas". Y eso, es lo que nuestro Padre dice a todos Sus hijos. Pero tú dices: "Soy

---

[22] Traducción que hace de este Salmo, la King James Version en inglés.

tan débil, que no puedo vencer mis pecados, no puedo hacer lo correcto, no puedo hacer esto y lo otro". ¡No!, pero Dios sí puede; y todo el tiempo te está diciendo: "*Todas Mis cosas son tuyas*, porque *en* Cristo te lo he dado todo. Todo el poder y la sabiduría de los espíritus, todas las riquezas de Cristo (Efesios 3:8), todo el amor del Padre; no hay nada que Yo tenga, sin que sea tuyo; Yo como Dios soy Dios, para amarte, para guardarte y para bendecirte". Así habla Dios, pero a algunos les parece todo un sueño. ¿Por qué eres tan pobre? La Palabra de Dios es segura, ¿y no promete acaso todo esto? Vean en Juan, capítulos 14 al 16, cómo se nos dice que podemos tener maravillosas respuestas a la oración, si venimos en el nombre de Jesús y permanecemos *en* Él. ¿Creemos realmente que es posible para un cristiano vivir una vida así? Ahora, hemos visto que este alto privilegio es para todos; así que pasemos a considerar nuestro segundo punto: La carente experiencia espiritual de muchos de los queridos hijos de Dios. ¿Qué es esto? Sino vivir en la pobreza y en el hambre. El hijo mayor, el hijo de un hombre rico, viviendo en la más absoluta pobreza... nunca tuvo un cabrito, mientras que todo lo que era de su padre era su suyo, ese es el justo y exacto estado de muchos hijos de Dios. La forma en que Él quiere que vivamos, es en la más plena comunión de todas Sus bendiciones, ¡pero qué contraste con nuestra vida!

Pregúntale a algunos, si sus vidas están llenas de gozo; por qué, ni siquiera creen que sea posible estar siempre gozosos y en santidad. "¿Cómo podríamos seguir así en los negocios?", dicen; e imaginan que la vida de la más plena bendición posible para ellos, debe de ser una vida de suspiros, de tristezas y de penas.

Le pregunté a una querida mujer del Cabo[23], una devota cristiana, cómo le iba. Ella respondió que, en su experiencia, a veces era luz y a veces oscuridad, y argumentó que, como esto era así en la naturaleza, lo mismo ocurría en el reino de la gracia. Así que se entregó a una experiencia miserable. Sin embargo, yo no leo en la Biblia, que deba haber ninguna noche u oscuridad en la experiencia de los creyentes; al contrario, leo: *"No se pondrá jamás tu sol... porque Jehová te será por luz perpetua"* (Isaías 60:20); sin embargo, hay muchos que realmente creen, que no hay nada tan bueno para ellos. Como ya he dicho, nada puede ocultar a Dios de nosotros, excepto el pecado y la incredulidad. Si estás en pobreza espiritual, y no hay gozo, ni experiencia de victoria sobre el pecado, ni en el temperamento, ni en el *divagar* del corazón (Hebreos 3:10), ¿por qué es así? "¡Oh!", dices, "Estoy demasiado débil, creó que voy a caer". ¿Pero no dice la Escritura, que Él es "capaz de evitar que caigas en tropiezos" (Salmos 91:12)? Un ministro me dijo una vez que, aunque Dios es capaz, el versículo no dice, que esté dispuesto a hacerlo. Dios no se burla de nosotros, amados; si dice que es *"capaz"*, entonces es una prueba de Su voluntad de hacerlo. Creamos en la Palabra de Dios, y examinemos nuestra propia experiencia a la luz de ella.

Una vez más, ¿están trabajando y dando mucho fruto para Dios, y la gente, por causa de su vida, ve y dice: "Dios está con ese hombre, manteniéndolo humilde, puro y con una mente celestial"? ¿O se ven obligados a confesar, que eres un cristiano muy ordinario, fácilmente provocable, mundano, y que no tienes una mente celestial? Esa no es la vida que Dios

---

[23] Es decir, de ciudad del Cabo, en Sudáfrica.

quiere que vivamos, hermanos. Tenemos un Padre rico, y como a ningún verdadero padre terrenal, le gustaría ver a su hijo en harapos, o sin zapatos o sin ropas adecuadas, a nuestro Dios tampoco le gustaría esto; sino que más bien, Él desea llenar nuestra vida con las más ricas y selectas bendiciones. Cuántos maestros de escuela dominical hay, que enseñan y enseñan, y esperan la conversión de sus alumnos, pero aún no pueden decir, que Dios los ha usado para la conversión de ninguno de ellos. No disfrutan de una estrecha comunión con Dios, ni de la victoria sobre el pecado, ni del poder para convencer al mundo. ¿A qué clase pertenece usted? ¿La de bajo nivel, o la de los poseídos por Dios? Confiésalo hoy. Estos dos hijos, representan dos clases de cristianos: el *hijo pródigo* que se retiró, el *hijo mayor* que salió de la plena comunión con Dios. Eran igualmente pobres, y el hijo mayor necesitaba un cambio tan grande, como el del hijo pródigo; necesitaba arrepentirse y confesar, y reclamar sus plenos privilegios; y así deberían hacer todos los cristianos de bajo nivel [espiritual], arrepentirse, confesar y reclamar la salvación completa. ¡Oh!, ambos, vengan hoy y digan: "Padre, he pecado".

Ahora, nos preguntamos, ¿Cuál es la causa de esta terrible discrepancia? ¿Por qué la gran diferencia en la experiencia, me pregunto? Pregúntense: "¿Cuál es la razón por la que no estoy disfrutando de esta bendición completa? La Palabra de Dios habla de ello, otros hablan de ello, y veo a algunos que están viviendo en ella". ¡Oh!, pregunte la razón; venga a Dios y diga: "¿Por qué nunca vivo la vida que Tú quieres que viva?".

Encontrará la respuesta en nuestra historia. El hijo mayor tenía un espíritu no infantil, y tenía pensamientos equivocados sobre su padre; pero, si hubiera conocido el verdadero carácter de su Padre, su vida habría estado mejor. Por así decirlo, has dicho: "Nunca he tenido un cabrito para divertirme; mi Padre es rico, pero nunca me da nada. He orado bastante, pero Dios no me responde. Escucho a otras personas decir, que Dios las llena y las satisface, pero nunca lo hace por mí". Un querido ministro me dijo una vez, que una vida así no era para todos, que era de la soberanía de Dios, darla a quien quisiera. Amigos, no hay duda de la soberanía de Dios. Él reparte Sus dones como Él quiere; no todos somos Pablos o Pedros; los lugares a la derecha y a la izquierda de Dios, están preparados para quien Él quiera (Mateo 20:23; Marcos 10:40). Pero esto no es una cuestión de soberanía divina; es una cuestión de la herencia de un hijo. El amor del Padre, ofrece dar a cada uno de Sus hijos, la experiencia real Su salvación completa. Ahora miren a un padre terrenal. Sus hijos tienen varias edades, pero todos tienen el mismo derecho a gozar del rostro de su padre. Es verdad, que da a su hijo de veinte años más dinero que al de cinco, y tiene más que decirle al de quince que al de tres; pero, en cuanto a su amor hacia ellos, es todo igual, y en sus privilegios como hijos, son todos iguales. Y de igual forma, el amor de Dios a Sus queridos hijos, es todo el mismo. ¡Oh!, no intente echarle la culpa a Dios, sino diga: "He tenido pensamientos duros Contigo, oh Dios, y he pecado. Como padre he hecho por mis hijos lo que no creía que Dios *pudiera* o *quisiera* hacer por mí, y me ha faltado una fe infantil". ¡Oh!, cree en el amor, en la voluntad y en el poder de Dios para darte la salvación completa, y un cambio debe venir con toda seguridad.

Ahora consideremos el camino de la Restauración: cómo salir de esta pobre experiencia. El pródigo se arrepintió, y así deben hacerlo los hijos de Dios, que han estado viviendo por vista (2 Corintios 5:7), pero sin disfrutar de Sus promesas. La conversión es generalmente repentina; y un largo arrepentimiento, es generalmente una larga impenitencia. Muchos en la Iglesia de Cristo, piensan que debe llevar mucho tiempo conseguir la salvación completa. ¡Sí!, llevará mucho tiempo si lo haces tú mismo, de hecho, nunca lo harás. No, no, amigo, si vienes y confías en Dios, puede hacerse en un instante. Por la gracia de Dios, entrégate a Él. No digas: "¿De qué sirve? No servirá de nada"; pero ponte en la manera en que estás, en pecado y en debilidad, en el seno de tu Padre. Dios te librará, y descubrirás que hay sólo un paso, de la oscuridad a la luz. Di: "Padre, qué desgraciado he sido, al estar Contigo y no creer en Tu amor por mí".

¡Sí!, vengo hoy con un llamado al arrepentimiento; dirigido, no a los inconversos, sino a aquellos que saben lo que es ser perdonados. ¿No habéis pecado en los duros pensamientos que habéis tenido de Dios, y no hay un anhelo, una sed y un hambre de algo mejor? Venid, pues, arrepentíos y creed que Dios borra el pecado de vuestra incredulidad. ¿Lo creéis? ¡Oh!, no deshonres a Dios con la incredulidad, pero ven hoy y reclama con confianza la salvación completa. Entonces confía en Él para que te guarde. Esto parece difícil para algunos; pero no hay ninguna dificultad al respecto. Dios hará brillar Su luz sobre ti siempre, diciendo: "*Hijo, tú siempre estás Conmigo*"; y todo lo que tienes que hacer, es habitar y caminar en esa luz.

Inicié este capítulo diciendo, que hay dos clases de cristianos: los que disfrutan de la plena salvación, y los que no entienden nada de ella. Bueno, si no está claro para ti, pídele a Dios que lo aclare. Pero si lo entiendes, recuerda que es un hecho definitivo. Déjate llevar a los brazos de Dios; escúchale decir:

"*todas Mis cosas son tuyas*"; y luego di: "¡Alabado sea Dios!, ¡yo creo, acepto, me entrego a Él, y creo que Dios se entrega ahora a mí!".

.

Capítulo 32: "vosotros los pámpanos"

"Yo soy la vid, vosotros los pámpanos; el que permanece en Mí, y Yo en él, éste lleva mucho fruto; porque separados de Mí nada podéis hacer" (Juan 15:5).

¡Qué sencillo es ser un pámpano, la rama de un árbol, o el sarmiento de una vid! El pámpano crece de la vid, o la rama del árbol, y allí vive, y a su debido tiempo, da fruto. No tiene ninguna responsabilidad, excepto la de recibir, de la raíz o del tallo, la savia y el alimento. Y si por el Espíritu Santo, conociéramos nuestra relación con Jesucristo, nuestra obra se convertiría en la cosa más brillante y más celestial de la tierra. En lugar de que haya cansancio o agotamiento del alma, nuestro trabajo sería como una nueva experiencia, uniéndonos a Jesús como ninguna otra cosa puede hacerlo. Porque, ¡ay!, ¿no es a menudo cierto que nuestro trabajo se interpone entre nosotros y Jesús? ¡Qué locura! El mismo trabajo que Él tiene que hacer en mí, y yo por Él, lo asumo de tal manera, que me separa de Cristo. Muchos obreros de la viña, se han quejado de que tienen demasiado trabajo, y no tienen tiempo para una comunión estrecha con Jesús, y que su trabajo habitual, debilita su inclinación a la oración, y que su excesiva comunión con los hombres, oscurece su vida espiritual. ¡Un pensamiento triste, que la producción de frutos, debe separar al pámpano de la vid! Eso debe ser, porque hemos visto nuestra obra como algo más que el pámpano que da fruto. ¡Que Dios nos libre de todo pensamiento falso sobre la vida cristiana!

Ahora, sólo quiero mostrarles unos pocos pensamientos, sobre esta bendita vida de pámpanos.

En primer lugar, **es una vida de absoluta dependencia**. El pámpano no tiene nada: sólo depende de la vid para todo. Esa palabra, *dependencia absoluta,* es una de las más solemnes, grandes y preciosas. Un gran teólogo alemán, escribió dos grandes volúmenes hace algunos años, para mostrar que toda la teología de Calvino, se resume en ese único principio, de absoluta dependencia de Dios; y tenía razón. Si puedes aprender en cada momento del día a depender de Dios, todo saldrá bien. Obtendrás la vida superior, si dependes absolutamente de Dios.

¿Debo entender que, cuando tengo que laborar, cuando tengo que predicar un sermón, o dirigir una clase de la Biblia, o salir a visitar a los pobres desamparados, que toda la responsabilidad de la obra está en Cristo?

Eso es exactamente lo que Cristo quiere que entiendas. Cristo desea que, en toda tu obra, el fundamento sea la simple y bendita conciencia: *Cristo debe cuidar de todos.*

¿Y cómo cumple Él, con la confianza de esa dependencia? Lo hace enviando el Espíritu Santo una vez tras vez[24], sólo como un regalo especial; porque recuerda, que la relación entre la vid y los pámpanos es tal, que cada hora, diariamente, sin cesar, se debe mantener la conexión viva. La savia no fluye durante un tiempo, y luego se detiene, y luego fluye de nuevo, sino que, de un momento a otro, la savia fluye de la vid a los pámpanos. Y así, mi Señor Jesús quiere que tome esa bendita posición como trabajador, y mañana tras mañana, día tras día,

---

[24] O, una vez tras de otra.

hora tras hora, y paso tras paso, en cada trabajo al que tengo que ir, sólo permanezca ante Él en la simple y absoluta impotencia, de uno que no sabe nada, que no es nada, y que no puede hacer nada sin Él.

La dependencia absoluta de Dios, es el secreto de todo el poder en la obra. El pámpano no tiene nada más, que lo que obtiene de la vid, y tú y yo, no podemos tener nada más, que lo que obtenemos de Jesús.

Pero, en segundo lugar, la vida del pámpano no es sólo **una vida** de total dependencia, sino **de profundo descanso**. ¡Oh!, ese pequeño pámpano, si pudiera pensar, si pudiera sentir, si pudiera hablar, y si pudiéramos tener un pequeño pámpano hoy para hablarnos, y si dijéramos: "Ven, pámpano de la vid, dime, quiero aprender de ti, cómo puedo ser un verdadero pámpano de la Vid Viviente", ¿qué respondería? El pequeño pámpano susurraría: "Hombre, he oído que eres sabio, y sé que puedes hacer muchas cosas maravillosas. Sé que se te ha dado mucha fortaleza y sabiduría, pero tengo una lección para ti. Con toda tu prisa y esfuerzo en la obra de Cristo, nunca prosperas. Lo primero que necesitas, es venir y descansar en tu Señor Jesús. Eso es lo que hago. Desde que salí de esa vid, he pasado años y años, y todo lo que he hecho es descansar en la vid. Cuando llegó la primavera, no tuve ningún pensamiento ni ninguna preocupación. La vid comenzó a verter su savia en mí, y entonces, comencé a dar el brote y la hoja. Y cuando llegó el verano, no tuve ningún cuidado, y en medio del gran calor, confié en que la vid traería humedad para mantenerme fresco. Y en el momento de la cosecha, cuando el dueño vino a arrancar las uvas, no tuve ningún cuidado. Si había algo en las uvas que no era bueno, el dueño nunca culpó al pámpano; la culpa siempre fue de la vid. Y si quieres ser un verdadero pámpano de Cristo, la Vid Viviente, descansa en Él. Deja que Cristo cargue con toda la responsabilidad".

Tú dices: "¿No me hará eso perezoso?". Te digo que no. Nadie que aprenda a descansar en el Cristo vivo, puede ser perezoso; porque cuanto más cerca estéis de Cristo, más se os transmitirá el espíritu de Su celo y de Su amor. Pero, ¡oh!, empieza a trabajar en medio de toda tu dependencia, añadiendo a ella un profundo descanso. Un hombre a veces intenta y trata de ser dependiente de Cristo, pero se preocupa por esta dependencia absoluta: lo intenta y no puede conseguirlo. Pero deja que se hunda en un completo descanso cada día.

Descansa en Cristo, que puede dar sabiduría y fortaleza, y no sabes cómo ese descanso, será a menudo la mejor parte de tu mensaje. Le suplicas a la gente y discutes, y se hacen una idea: "Hay un hombre que discute y se esfuerza conmigo". Sólo sienten: "Aquí hay dos hombres tratando el uno con el otro". Pero si dejas que el profundo descanso de Dios te sobrevenga, el descanso en Cristo Jesús, la paz, el descanso y la santidad del cielo, ese descanso traerá una bendición al corazón, incluso más que las palabras que digas.

Os presento un tercer pensamiento. **El pámpano enseña una lección de mucha fecundidad**. Sabéis que el Señor Jesús repitió esa palabra "*fruto*", a menudo en esa parábola; habló primero de "*fruto*" (Juan 15:2, 4, 16), y luego de "*más fruto*" (Juan 15:2), y después de "*mucho fruto*" (Juan 15:5, 8). ¡Sí!, estáis ordenados, no sólo para dar fruto, sino para dar mucho fruto. "*En esto es glorificado Mi Padre, en que llevéis mucho fruto, y seáis así Mis discípulos*" (Juan 15:8). En primer lugar, Cristo dijo: "*Yo soy la vid verdadera, y Mi Padre es el labrador*" quien está a cargo de Mí y de vosotros. El que vigila la conexión entre Cristo y los pámpanos, es Dios; y es en el poder de Dios, a través de Cristo, que debemos dar fruto.

¡Oh cristianos! Sabéis que este mundo está pereciendo por falta de obreros (Mateo 9:37-38; Lucas 10:2). Y no sólo necesita más obreros. Los obreros dicen, unos más seriamente que otros: "No sólo necesitamos más obreros, sino que necesitamos que nuestros obreros tengan un nuevo poder, una vida diferente, que dichos obreros puedan traer más bendición".

¿Qué es lo que falta? Hay un deseo de una estrecha conexión entre el obrero y la Vid celestial. Cristo, la Vid celestial, tiene bendiciones que podría derramar sobre decenas de miles de personas que están pereciendo. Cristo, la Vid celestial, tiene el poder de proveer las uvas celestiales. Pero, "*vosotros sois los pámpanos*", y no podéis dar frutos celestiales, a menos que estéis en estrecha relación con Jesucristo.

No confundan la obra con el fruto. Puede haber mucho trabajo para Cristo, que no sea el fruto de la Vid celestial. No busquéis sólo laborar. ¡Oh! Estudien esta cuestión de la producción de los frutos. Significa la vida misma, el poder mismo, el Espíritu mismo y el amor mismo, dentro del corazón del hijo de Dios. Significa que la Vid celestial misma, viene a tu corazón y al mío. Póngase en contacto con la Vid celestial, y diga: "Señor Jesús, nada menos que la savia que fluye a través de Ti, nada menos que el Espíritu de Tu vida divina, es lo que pedimos. Señor Jesús, te ruego que dejes que Tu Espíritu fluya a través de mí en todo mi trabajo para Ti".

Te repito que la savia de la Vid celestial, no es nada más que el Espíritu Santo. El Espíritu Santo no es más que la vida de la Vid celestial, y lo que debes obtener de Cristo, es nada menos que una fuerte afluencia del Espíritu Santo. Lo necesitáis enormemente, y no debéis desear nada más que eso. Recordadlo. No esperes que Cristo te dé un poco de fuerza aquí, un poco de bendición allá, y un poco de ayuda por acá. Como la vid hace su trabajo, dando su propia savia al pámpano, espera que Cristo dé Su propio Espíritu Santo en tu corazón, y entonces darás mucho fruto. Y si sólo habéis empezado a dar fruto, y estáis escuchando la palabra de Cristo en la parábola: "*más fruto*", "*mucho fruto*", recordad que para que podáis dar más fruto, sólo necesitáis más de Jesús en vuestra vida y en vuestro corazón.

Un cuarto pensamiento. **La vida del pámpano es una vida de estrecha comunión**. Preguntémonos de nuevo: "¿Qué tiene que hacer el pámpano?". Conoces esa preciosa e inagotable palabra que usó Cristo: "*Permaneced*" (Juan 15:4, 9).

Tu vida debe ser una vida duradera. ¿Y cómo va a ser la permanencia? Debe ser como el pámpano en la vid, permaneciendo cada minuto del día. Están los pámpanos en estrecha comunión, en comunión ininterrumpida con la vid, de enero a diciembre. Y no puedo vivir cada día, sin estar en ella. Es para mí una cosa casi terrible, que nos hagamos la pregunta: ¿no puedo vivir en comunión permanente con la Vid celestial? Usted dice: "Pero estoy tan ocupado con otras cosas". Puedes tener diez horas de trabajo duro al día, durante las cuales tu cerebro tiene que estar ocupado con cosas temporales; Dios lo ordena (2 Tesalonicenses 3:10). Pero el trabajo permanente, es el trabajo del corazón, no del cerebro; el trabajo del corazón que se aferra y que descansa en Jesús, es un trabajo en el que el Espíritu Santo nos une a Cristo Jesús. ¡Oh!, cree que más allá del cerebro, en lo profundo de la vida interior, puedes permanecer en Cristo, de modo que cada momento en que estés libre, la conciencia vendrá: "¡Bendito Jesús, todavía estoy en Ti!". Si aprendes por un tiempo a dejar de lado otros trabajos, y a entrar en este contacto permanente con la Vid celestial, encontrarás que el fruto vendrá.

¿Cuál es la aplicación a nuestra vida, con respecto a esta comunión duradera? ¿Qué significa esto? Significa una estrecha comunión con Cristo en la oración privada o secreta. Estoy seguro de que hay cristianos, que anhelan una vida superior, y que a veces han recibido una gran bendición, y a veces han encontrado una gran afluencia del gozo celestial, y una gran salida del gozo de lo alto; y, sin embargo, después de un tiempo, todo ha pasado. No han comprendido que la comunión cercana, personal y real con Cristo, es una necesidad absoluta para la vida diaria. Tómense un tiempo para estar a solas con Cristo. Nada en el cielo o en la tierra, puede liberaros de la necesidad de ello, si queréis ser cristianos felices y santos.

¡Oh, cuántos cristianos lo ven como una carga, como una imposición, como un deber, y como una dificultad al estar mucho tiempo a solas con Dios! Ese es el gran obstáculo para nuestra vida cristiana en todas partes. Necesitamos una comunión más tranquila con Dios, y os digo en nombre de la Vid celestial, que no podéis ser pámpanos sanos, pámpanos en los que pueda fluir la savia celestial, a menos que os toméis mucho tiempo para la comunión con Dios. Si no estáis dispuestos a sacrificar tiempo para estar a solas con Él, y darle tiempo cada día para obrar en vosotros, y para mantener el vínculo de conexión entre vosotros y Él mismo, Él no puede daros esa bendición de Su comunión ininterrumpida. Jesucristo te pide que vivas en estrecha comunión con Él. Que cada corazón diga: "Oh Cristo, es esto lo que anhelo, es esto lo que elijo". Y Él con gusto se los dará.

Y luego mi último pensamiento. **La vida del pámpano es una vida de entrega total**. Esta palabra: "*entrega total* o *absoluta*", es una palabra grande y solemne, y creo que no entendemos su significado. Pero, aun así, el pequeño pámpano lo predica. "¿Tienes algo que hacer, pequeño pámpano, además de llevar uvas?". "¡No, nada más!". "¿Eres apto para nada?". "¡Para nada!". La Biblia dice, que un trozo de vid, no puede ser usado ni siquiera como una pluma; no sirve para nada, más que para ser quemado (Mateo 5:13). "Y ahora, ¿qué entiendes, pequeño pámpano, sobre tu relación con la vid?". "Mi relación es sólo esto: Estoy completamente entregado a la vid, y la vid puede darme tanta o tan poca savia, como quiera. ¡Aquí estoy a Su disposición, y la vid puede hacer conmigo lo que quiera!".

¡Oh!, necesitamos está completa entrega al Señor Jesucristo. Este es uno de los puntos más difíciles de aclarar, y uno de los más importantes y necesarios para explicar, es decir, lo que significa está completa rendición. Es algo fácil para un hombre, o para un cierto número de hombres, ofrecerse a Dios para una entera consagración, y decir: "Señor, es mi deseo entregarme completamente a Ti". Eso es de gran valor, y a menudo trae una muy rica bendición. Pero la única cuestión que debo estudiar en silencio, es: "¿Qué significa la entrega total?". Significa que tan literalmente, como Cristo se entregó completamente a Dios, yo me debo entregar completamente a Cristo. ¿Es eso demasiado fuerte? Algunos de ustedes piensan que sí. Algunos piensan que nunca puede ocurrir; que, así como Cristo entregó Su vida entera y absolutamente, para no hacer nada más, que buscar el beneplácito del Padre, y depender del Padre absoluta y enteramente, yo no debo hacer nada más que buscar el beneplácito de Cristo. Pero eso es realmente cierto. Cristo Jesús vino a impartir Su propio Espíritu en nosotros, para hacernos encontrar nuestra más alta felicidad al vivir enteramente para Dios, tal como Él lo hizo. ¡Oh, amados hermanos!, si ese es el caso, entonces debo decir: "¡Sí!, esto es tan cierto como el hecho de que soy un pequeño pámpano de la vid, esto es tan cierto que, por la gracia de Dios, quiero que mi vida sea para Él. Debo vivir cada día, para que Cristo pueda hacer conmigo lo que a Él le plazca".

¡Ah! Aquí viene el terrible error, que yace en el fondo de tanto de nuestra propia religión. Un hombre piensa: "Tengo mis negocios y mis deberes familiares, y mis relaciones como ciudadano, y todo esto no puedo cambiarlo. Y ahora, junto a todo esto, debo tomar la religión y el servicio a Dios, como algo que me mantendrá alejado del pecado. ¡Que Dios me ayude a cumplir con mis deberes correctamente!". Eso no es correcto. Cuando Cristo vino, vino y compró al pecador con Su sangre. Si hubiera un mercado de esclavos aquí, y yo comprara un esclavo, lo llevaría a mi propia casa, alejado de su antiguo entorno, y viviría en mi casa como mi propiedad personal, y podría ordenarle lo que quisiese todo el día. Y si fuese un esclavo fiel, viviría sin tener voluntad ni intereses propios, su único interés sería promover el bienestar y el honor de su amo. Y de la misma manera yo, que he sido comprado con la sangre de Cristo (1 Pedro 1:18-19), he sido comprado para vivir cada día con el único pensamiento: "¿Cómo puedo complacer a mi Amo? (Colosenses 4:1)".

¡Oh!, encontramos la vida cristiana tan difícil, porque buscamos la bendición de Dios, mientras vivimos en nuestra propia voluntad. Estaríamos encantados de vivir la vida cristiana, según nuestro propio gusto. Hacemos nuestros propios planes y elegimos nuestro propio trabajo, y luego le pedimos al Señor Jesús que entre, y que se ocupe de que el pecado no nos conquiste demasiado, y que no nos equivoquemos demasiado; le pedimos que entre y que nos dé tanta de Su bendición como sea posible. Pero nuestra relación con Jesús debe ser tal, que estemos enteramente a Su disposición, y cada día acudir a Él, con humildad y con franqueza, y decirle: "Señor, ¿hay algo en mí que no esté de acuerdo con Tu voluntad, que no haya sido ordenado por Ti, o que no esté enteramente entregado a Ti?". ¡Oh!, sí esperáramos y esperáramos pacientemente, surgiría una relación entre nosotros y Cristo, tan cercana y tan tierna, que después nos sorprendería, lo lejos que había estado nuestra comunión con Él anteriormente. Sé que hay muchas dificultades sobre esta cuestión de la santidad; sé que no todos piensan exactamente lo mismo al respecto. Pero eso sería para mí una cuestión de relativa indiferencia, si pudiera ver que todos anhelan honestamente, estar libres de todo pecado. Pero me temo que inconscientemente, hay en los corazones a menudo un compromiso, con la idea: "No podemos estar sin pecado; debemos pecar un poco cada día; no podemos evitarlo". ¡Oh!, que la gente realmente clame a Dios: "¡Señor, guárdame del pecado!". Entrégate totalmente a Jesús, y pídele que haga todo lo posible por ti, para mantenerte alejado del pecado.

En conclusión, permítanme reunir todo, en una palabra. Cristo Jesús dijo: "*Yo soy la vid, vosotros los pámpanos*" (Juan 15:5). En otras palabras: "Yo, el Viviente (Apocalipsis 1:18) que se ha entregado completamente a vosotros, soy la Vid. ¿No puedes confiar demasiado en Mí? Soy el Obrero Todopoderoso, lleno de vida y de poder divino". Cristianos, vosotros sois los pámpanos del Señor Jesucristo. Si hay en vuestro corazón la conciencia: "No soy un pámpano fuerte, sano y fructífero, no estoy estrechamente ligado a Jesús, no vivo en Él como debería hacerlo". Entonces escuchadlo decir: "Yo soy la Vid, te recibiré, te atraeré a Mí, te bendeciré, te fortaleceré, te llenaré de Mi Espíritu. Yo, la Vid, os he tomado para que seáis Mis pámpanos; Me he entregado totalmente a vosotros; hijos, daos totalmente a Mí. Me he entregado como Dios, absolutamente a vosotros; Me hice hombre y morí por vosotros, para ser completamente vuestro. Vengan y entréguense completamente para ser Míos".

¿Cuál será nuestra respuesta? ¡Oh!, que sea una oración desde el fondo de nuestro corazón, para que el Cristo vivo, nos tome a cada uno de nosotros y nos una cerca de Él. Que nuestra oración sea que Él, la Vid viviente, nos una de tal manera a cada uno de nosotros a Él, que sigamos nuestro camino con nuestros corazones cantando (Lucas 24:32): "Él es mi Vid, y yo soy Su pámpano; no quiero ya nada más, ahora tengo la vida eterna". Entonces, cuando estéis a solas con Él, adoradlo, alabadlo y confiad en Él, amadlo y esperad Su amor. "Tú eres mi Vid, y yo soy Tu pámpano. Esto es suficiente, mi alma está satisfecha. ¡Gloria a Su bendito Nombre! ¡Amén!".

FIN